教授妈妈讲古诗词

肖维青 ◎ 编著

东北大学出版社
Northeastern University Press

·沈 阳·

ⓒ 肖维青 2021

图书在版编目（CIP）数据

教授妈妈讲古诗词 / 肖维青编著. -- 沈阳：东北大学出版社，2021.12
ISBN 978-7-5517-2916-1

Ⅰ. ①教… Ⅱ. ①肖… Ⅲ. ①古典诗歌—中国—小学—教学参考资料 Ⅳ. ① G624.203

中国版本图书馆 CIP 数据核字（2021）第 268061 号

出 版 者：东北大学出版社
　　　　　地址：沈阳市和平区文化路三号巷 11 号
　　　　　邮编：110819
　　　　　电话：024-83687331（市场部）　83680181（研发部）
　　　　　传真：024-83680180（市场部）　83687332（社务部）
　　　　　网址：http://www.neupress.com
　　　　　E-mail：neuph@neupress.com
印 刷 者：武汉鑫佳捷印务有限公司
发 行 者：东北大学出版社
幅面尺寸：170 mm×240 mm
印　　张：16
字　　数：254 千字
出版时间：2021 年 12 月第 1 版
印刷时间：2022 年 3 月第 1 次印刷
责任编辑：刘新宇
责任校对：罗　鑫
封面设计：黄　灿
责任出版：唐敏志

ISBN 978-7-5517-2916-1　　　　　　　　　　定　价：86.00 元

我和儿子的亲子诗教之旅（代序）①

　　给大学生讲授《论语》的翻译时，我总会询问大家是否完整地读过《论语》，举手的人竟寥寥无几。这让我感到忧虑，我觉得必须为自己的孩子、为这一代孩子做点什么。

　　去年寒假，《中国诗词大会》节目火遍大江南北，我被中学生武亦姝的飞花令彻底征服了。我有了一个想法，利用时下流行的音频分享平台，和不到十岁的儿子一起做《亲子诗教》节目。我用儿子名字中的一个"雍"字，创建了"雍和生活亲子诗教"专辑，计划每周讲两首古诗词。我们选

① 本文刊登于 2018 年 5 月 29 日《少年日报》头版。

择诵读的书，是诗词大家叶嘉莹先生选编的《给孩子的古诗词》。书中选录了218首各朝各代流传众口的诗词，基本以少儿的认知水平为准，其中杜甫的《房兵曹胡马》《缚鸡行》、缪氏子的《赋新月》、王驾的《雨晴》等，都非常生动活泼，富有生活情趣。

选好了书，我和儿子开启了"亲子诗教"之旅。叶嘉莹先生的书里只有诗词，并没有解析。我们开始大量阅读，包括诗词格律、经典鉴赏、名人读诗，为诗词撰写赏析，并一起诵读。每首诗词的播讲，短则两三分钟，长则五六分钟。从准备文字稿，到声情并茂地诵读、录音，每次都要花一个多小时，原本紧张的工作日程表里又多了一项"不务正业"的活动。然而我却发现儿子对每周记诵两首诗词乐在其中，更让我意想不到的是，小小年纪的他成了我的得力助手，为我提供丰富的历史地理知识，还几次纠正我解读文稿中的错误。润物细无声的学习，居然也有意外的褒奖：在去年举办的上海市小学生古诗文大会中，我儿子获得了二等奖！

我们的亲子诗教节目已经录制了近200期，还在持续更新中，累计播放量达到111万[①]，圈粉无数。很多大学生也成了我们节目的粉丝。亲子诗教，不仅仅是把中国古人的兴发感动、智慧襟抱传承给下一代，更重要的是把学习的恒心亲力亲为地教给孩子，让共同学习的乐趣成为亲子关系的又一条牢固纽带！

上海外国语大学英语学院教授　肖维青

[①] 截至2021年11月底，《雍和生活——给孩子的古诗词》音频节目在喜马拉雅FM平台上播放量达到151万，粉丝数8.5万。

前　言

　　一位英语教授怎么会编写一本古诗词读本呢？ It is a long story.

　　2017 年春节过后，在大江南北一片诗词热的浪潮中，我拿起了一本书，书名是《给孩子的古诗词》，由叶嘉莹先生编选。虽然书名开宗明义是"给孩子"的，但是这样的书有诗词，无赏析，缺讲解，孩子不容易上手，更别提爱不释手了。

　　所以我萌生了一个想法，和儿子一起学习古诗词。怎么学呢？ 正襟危坐地耳提面命吗？ 当然不是。我借助当时逐渐走红的自媒体平台"喜马拉雅 FM"，把古诗词的学习分解成三个步骤：第一，妈妈做研究，精心编写诗词赏析的文案；第二，妈妈录制音频，儿子听妈妈的音频；第三，儿子录制他的朗读音频。我们每周学习 2 ~ 3 首，在喜马拉雅 FM 上持续更新，从 2017 年 3 月开更，到 2019 年 3 月完更，整整两年。现在这个《雍和生活——给孩子的古诗词》专辑一直还是喜马拉雅的少儿素养栏目的保留节目，收获了 150 多万的播放量。成为网红，其实完全是无心插柳，我们母子真正收获的是亲子学习的快乐时光，而且我们无意中保存了一个小学生的稚气童音，每每听来，不禁莞尔——成长的记忆，有文字、有声音，弥足珍贵。

　　作为父母，我们总是让孩子学这学那，为什么家长不和孩子一起学习呢？ 我们家长，是孩子身边的教育者，同时也是陪伴他们学习的朋友。在今天双减的大背景下，我个人觉得古诗词的学习是最好的切入点。古典诗词蕴含着一种兴发感动，在这份感发生命中，蓄积了古代诗人的智慧、品格、襟抱和修养，所以中国传统一直有诗教之说。我认认真真地把我和儿子朗读的218首诗词（包括177首诗、41首词）以及我编写的赏析^①整理成这本小书^②，希望读者能够在诗词的阅读中，与古人共情，收获当下的诗意。

肖维青
辛丑岁末于上海虹口

（附：本书的正确打开方式——阅读书中诗词和赏析，并打开喜马拉雅FM，找到"雍和生活"，边听边读。）

---

① 包括作者、诗题／词牌、赏析与小知识几个部分。

② 我的研究生叶文兴、杨瑞、李妍青和李源参与了文案整理，谨致谢忱。

目　录

秦风·蒹葭

蒹葭苍苍，白露为霜。
所谓伊人，在水一方。
溯洄从之，道阻且长。
溯游从之，宛在水中央。

蒹葭萋萋，白露未晞。
所谓伊人，在水之湄。
溯洄从之，道阻且跻。
溯游从之，宛在水中坻。

蒹葭采采，白露未已。
所谓伊人，在水之涘。
溯洄从之，道阻且右。
溯游从之，宛在水中沚。

【赏析】

《秦风·蒹葭》这首诗选自《诗经》，《诗经》是中国最早的一部诗歌总集，收录了公元前 11 世纪至公元前 6 世纪的诗歌 305 首。《秦风·蒹葭》这首诗一般被认为是一首情歌，写的是追求所爱而不及的惆怅与苦闷。蒹葭（jiān jiā）就是芦苇。

古诗十九首·迢迢牵牛星

迢迢牵牛星，

皎皎河汉女。

纤纤擢素手，

札札弄机杼。

终日不成章，

泣涕零如雨；

河汉清且浅，

相去复几许！

盈盈一水间，

脉脉不得语。

【赏析】

　　《古诗十九首》为南朝的萧统从传世无名氏古诗中选录十九首编入《昭明文选》而成，这首《迢迢牵牛星》写的是牛郎织女的相思之苦。

饮酒二十首（其四）

陶渊明

栖栖失群鸟，日暮犹独飞。

徘徊无定止，夜夜声转悲。

厉响思清远，去来何依依；

因值孤生松，敛翮遥来归。

劲风无荣木，此荫独不衰；

托身已得所，千载不相违。

【作者】

陶渊明，字元亮，又名陶潜，自号五柳先生，陶渊明是东晋时的诗人和散文家。

【赏析】

诗人写了二十首饮酒诗，这二十首饮酒诗不是在写饮酒本身，而是在写诗人饮酒时的所思所想，《饮酒二十首（其四）》，就是诗人以失群鸟、孤独松为比喻，比喻自己隐居守志、终身得所。

饮酒二十首（其五）

陶渊明

结庐在人境，而无车马喧。
问君何能尔？心远地自偏。
采菊东篱下，悠然见南山。
山气日夕佳，飞鸟相与还。
此中有真意，欲辨已忘言。

【赏析】

陶渊明是晋宋间的诗人和散文家。他的《饮酒二十首》当中，以这第五首最为众口。这首诗表达了诗人悠然自得寄情山水的情怀。正所谓大隐隐于市，真正宁静的心境不是自然造就的，而是你我自己的心境的外化。在朗读这首诗的时候要注意三个字的读音：第二行"而无车（jū）马喧"，不读车（chē），车（chē）是一个俗音，古时并没有这个音。"飞鸟相与还（xuán）"，不念 huán，这里表示盘旋、回旋。最后一行，"欲辨已忘（wáng）言"，不念忘（wàng）。

敕勒歌

敕勒川，
阴山下。
天似穹庐，
笼盖四野。

天苍苍，
野茫茫，
风吹草低见牛羊。

【赏析】

　　《敕勒歌》是北朝时期北方民族的民歌，属于长短并不整齐的乐府诗，敕勒是北方的一个民族，敕勒川是他们生活的地方。《敕勒歌》描绘了北方草原的景色，在朗读的时候请注意三个字的读音：第二行，阴山下（xiá）这个"下"字读上声；第四行，笼盖四野（yǎ）不读 yě。最后一行，"见（jiàn）"是一个通假字，通"现"，所以是"风吹草低见（xiàn）牛羊"。

赠范晔

陆　凯

折梅逢驿使，
寄与陇头人。
江南无所有，
聊赠一枝春。

【赏析】

作者陆凯是南北朝鲜卑族的诗人，这首诗是写给他的好友也就是《后汉书》的作者范晔的。

在诗中，作者是这样说的，我折梅花的时候正好碰到了信使，我请他把这支梅花寄给正在陇头的你。江南也没有什么特别好的东西，姑且就把这支象征着春天祝福的花送给你吧！

山 中

王 勃

长江悲已滞，
万里念将归。
况属高风晚，
山山黄叶飞。

【赏析】

《山中》这首诗是一首五言绝句，作者是"初唐四杰"之一的王勃。这首诗书写旅愁归思，讲的是王勃被废黜在巴蜀客居的事。在诗中，作者是这样说的，长江就好像已经滞留了，在为我不停地悲伤。万里远游之人思念着早日回归。更何况秋风风寒，雾气沉沉，黄叶在漫山飘飞。

送杜少府之任蜀州

王 勃

城阙辅三秦，

风烟望五津。

与君离别意，

同是宦游人。

海内存知己，

天涯若比邻。

无为在歧路，

儿女共沾巾。

【赏析】

　　《送杜少府之任蜀州》是一首五言律诗，五言律诗不仅讲求平仄，而且讲求对偶。王勃写道，三秦之地拱卫着长安城的宫阙，风烟滚滚，望不到蜀州岷江的五津。与你握手作别的时候，彼此间心心相印。你我都是远离故乡出外做官的人，四海之内只要有了我们的知己，不管远隔天涯海角都像在一起。请不要在分手的歧路上伤心地哭泣，就像多情的少年男女彼此泪落衣襟。

　　《送杜少府之任蜀州》是一首送别的名作，尤其"海内存知己，天涯若比邻"是传知千古、有口皆碑的名句。

渡汉江

宋之问

岭外音书断，

经冬复历春。

近乡情更怯，

不敢问来人。

宋之问，字延清，唐代诗人，他写这首诗的时候正好被皇帝贬到了岭南，当时是极为边远的地区。第二年他就冒险逃回洛阳，途径汉江时写下这首诗。诗人写道：我流放岭南与亲人断绝了音信，熬过了冬天，又经历了一个新春，越走近故乡，心里就越是胆怯，不敢打听从家乡那边过来的人。《渡汉江》写思乡情切，真实地刻画了诗人久别还乡时激动又复杂的心情。我们在朗诵的时候可以和贺知章的《回乡偶书》做一个比较。

回乡偶书（其一）

贺知章

少小离家老大回，
乡音无改鬓毛衰。
儿童相见不相识，
笑问客从何处来。

【作者】

作者贺知章是唐代的诗人和书法家，晚年自号"四明狂客"，贺知章是今天浙江杭州人，是一位非常长寿的诗人，他活到86岁。

【赏析】

贺知章的诗文以绝句见长，写景抒怀，风格独特，清新潇洒。著名的《咏柳》《回乡偶书二首》脍炙人口，千古传诵。我们所熟悉的这首《回乡偶书（其一）》是他两首《回乡偶书》之一，另外一首是这样的：

离别家乡岁月多，
近来人事半消磨。
惟有门前镜湖水，
春风不改旧时波。

登幽州台歌

陈子昂

前不见古人，
后不见来者。
念天地之悠悠，
独怆然而涕下。

【作者】

　　陈子昂，字伯玉，唐代诗人。

【赏析】

　　诗题中的幽州台，传说是燕昭王为招贤纳士而建，在这首诗里，诗人没有对幽州台做一字描写，只是抒发了自己登台的感想，《登幽州台歌》是唐诗中非常重要的一首，它是一首吊古伤今的生命悲歌，就从那句"前不见古人，后不见来者"，我们能读出诗人多么孤独、落寞和怀才不遇啊！

山中留客

张　旭

山光物态弄春晖，
莫为轻阴便拟归。
纵使晴明无雨色，
入云深处亦沾衣。

张旭是唐代的诗人和书法家，先说说他的书法成就，张旭是一位极有个性的草书大家。我们所熟知的王羲之，他是行草，而这位张旭是狂草、大草。传说他常喝得大醉，呼叫、狂走，然后落笔成书。不过，在这首七言绝句里，我们没有看到他的狂放。

【赏析】

诗歌的大意是山中的各种景色沐浴在春天的阳光里，不要因为微微有些阴天就打算回去。即使天气晴朗并没有下雨的可能，走到山中云雾深处也会打湿你的衣裳。

《山中留客》好像是写景，写天气的阴晴，实际上也可以理解为人生的阴晴。就像苏东坡所言，"回首向来萧瑟处，归去，也无风雨也无晴。"山中留客也是讲人生态度的，您体会到了吗？

感　遇

张九龄

兰叶春葳蕤，桂花秋皎洁。
欣欣此生意，自尔为佳节。
谁知林栖者，闻风坐相悦。
草木有本心，何求美人折？

【作者】

张九龄，字子寿，唐代诗人，官至尚书，宰相。

【赏析】

这首诗是张九龄遭贬谪后所作的十二首《感遇》中的第一首，诗歌借物起兴，自比兰桂，抒发了诗人孤芳自赏、气节清高的情怀。诗歌一开始用整齐的偶句，"兰叶春葳蕤，桂花秋皎洁。"以春兰、秋桂对句，点出这两种植物无限的生机。第三、四句，"欣欣此生意，自尔为佳节。"写出兰桂充满活力，却荣而不媚。上半首写兰桂，不写人。第五、六句以"谁知"急转，引出与兰桂同样格调的山中隐者来，"谁知林栖者，闻风坐相悦。"最后两句，"草木有本心，何求美人折？"也就是说，兰逢春而葳蕤，桂遇秋而皎洁，这都是他们的本性，并非为了博得美人的折取、欣赏。可见诗人以兰桂来比喻君子的洁身自好，进德修业只是尽他作为一个君子的本分，而并非借此来博得外界的称誉和提拔。

望月怀远

张九龄

海上生明月，天涯共此时。
情人怨遥夜，竟夕起相思。
灭烛怜光满，披衣觉露滋。
不堪盈手赠，还寝梦佳期。

【赏析】

唐玄宗开元21年，张九龄在朝中任宰相，遭李林甫排挤后于开元24年罢相，《望月怀远》这首诗应写于开元24年张九龄遭贬的这段时间。同我们学习过的《感遇》应该属于同一时期的作品。

《望月怀远》是一首月夜怀念远方亲人的诗歌，诗歌的大意如下："海上生明月，天涯共此时。"茫茫的海上升起一轮明月，此时你我都在天涯共相望。"情人怨遥夜，竟夕起相思。"这里的情人不是我们现代语言意义上的"情人"，有情之人都怨恨月夜漫长，整夜里不眠不休把亲人怀想。"灭烛怜光满，披衣觉露滋。"熄灭蜡烛怜爱这满屋的月光，披衣起床感觉夜露寒凉。"不堪盈手赠，还寝梦佳期。"不能把美好的夜色捧给你，只希望能与你相见在梦乡。《望月怀远》最有名的是它的前两句，"海上生明月，天涯共此时"。没有一个奇特的字眼，没有一份点染的色彩，脱口而出却自然具有一种气象，这大概也是唐诗给我们的感动。

凉州词

王之涣

黄河远上白云间，
一片孤城万仞山。
羌笛何须怨杨柳，
春风不度玉门关。

【作者】

　　王之涣是盛唐时期的诗人，他的诗都被当时的乐工制曲歌唱，名动一时，常与当时的诗人高适、王昌龄等相唱和，以善于描写边塞风光著称，王之涣流传下来的诗歌很少，但是《凉州词》《登鹳雀楼》是无人不知、无人不晓。凉州在现在甘肃省，《凉州词》又名《凉州歌》，是当时盛唐时期流行的一种曲调所配的唱词，也就是说除了王之涣还有其他诗人也写过《凉州词》，不过，最有名要算王之涣的《凉州词》。

【赏析】

　　诗歌前两句写远眺的景色，但是也写了心情，"黄河远上白云间，一片孤城万仞山。"远远奔流而来的黄河好像与白云都连到了一起，玉门关孤零零地竦峙在高山之中，显得孤峭冷寂。这与李白《将进酒》里所写的"黄河之水天上来，奔流到海不复回。"很相似，但是气象不同，李白写黄河的恢弘气势，王之涣让人更感觉到了孤寂。后两句"羌笛何须怨杨柳，春风不度玉门关。"羌笛是北方羌族使用的一种乐器，杨柳不是杨树柳树的杨柳，是一种曲调叫《折杨柳》；玉门关在现在甘肃敦煌附近。何必用羌笛吹起那哀怨的折杨柳曲啊，毕竟玉门关这一带春风是吹不到的！

登鹳雀楼

王之涣

白日依山尽，
黄河入海流。
欲穷千里目，
更上一层楼。

【赏析】

诗人王之涣留存至今的作品只有六首，但是在当时他却是一位非常著名的诗人，有一个典故，叫棋亭画壁，说的就是王之涣和好朋友高适、王昌龄比赛的故事。有一天，这三位诗人在棋亭喝酒，为了助兴，就请歌女唱歌，他们约定，谁的诗入歌词最多，谁就赢了。第一位歌女唱的是王昌龄的诗，王昌龄就在墙上做了个记号；第二位歌女唱的是高适的诗，高适也在墙上做个记号；第三位歌女唱的仍然是王昌龄的诗。这时，王之涣不紧不慢地说：这几位歌女才貌平平，不能算数，只有这第四位歌女相貌不俗，如果她还是唱你俩的诗，我就认输。结果这第四位歌女唱到："黄河远上白云间，一片孤城万仞山。"正是王之涣的《凉州词》，可见当时王之涣的声名。

《登鹳雀楼》是一首大家耳熟能详的作品，尤其是最后一句，现在人们也经常用到。在朗读的时候古人吟诵可能会把第一个"白"读入声，不过因为是第一句第一个字，所以也就可以不讲究平仄，第二个字、第四个字才是平仄的重点。

春　晓

孟浩然

春眠不觉晓，
处处闻啼鸟。
夜来风雨声，
花落知多少。

【作者】

孟浩然，本名浩，字浩然，是盛唐山水田园诗派代表诗人。与另一位著名的唐朝诗人王维齐名，并称"王孟"。

【赏析】

孟浩然的诗通俗易懂，清新恬淡，好像清闲浅谈中自有泉流石上、风来松下之音。有人说，淡到看不见诗了，就是真正的孟浩然的诗。《春晓》就是这样一首诗。

宿建德江

孟浩然

移舟泊烟渚，
日暮客愁新。
野旷天低树，
江清月近人。

年轻时，孟浩然诗名就很盛，不过一直隐居，到四十岁才到长安考功名，结果也没有考上。他的好朋友王维引荐他面见皇帝，皇帝问他有什么新的作品，孟浩然就朗诵了一首，其中有一句"不才明主弃"，把皇帝给得罪了，皇帝心想，你又没向我求官，怎么可以说我弃你不用呢？就这样，孟浩然打道回府，再也没有机会做官。他寄情山水，写了大量山水田园诗歌。

这首《宿建德江》就是他离开长安后写的。诗歌的大意是，船停泊在暮烟笼罩的小洲，茫茫暮色给我新添几分愁绪，旷野无垠，远处天空比树木还低；江水清澈，觉得月亮离人那么近。《宿建德江》是一首五言绝句，最后两句特别出名，而且还是对偶，"野旷"对"江清"，"天低树"对"月近人"。

过故人庄

孟浩然

故人具鸡黍，邀我至田家。
绿树村边合，青山郭外斜。
开轩面场圃，把酒话桑麻。
待到重阳日，还来就菊花。

【赏析】

《过故人庄》描写的是一幅非常朴实的田园风景画，说得幽默一点就好像是知识分了去农家乐。这首诗既描写了农家恬静、闲适的生活场景，也写了老朋友之间的情谊，可以看出诗人平静和谐的内心世界。在朗读的时候我们要注意，古人的吟诵和现在的普通话朗读是有差别的，比如："绿树村边合"，"合"字要念入声，青山郭外斜，"斜"要念 xiá，压麻韵。最后一句"还来就菊花"的"菊"也念入声。

凉州词（其一）

王 翰

葡萄美酒夜光杯，
欲饮琵琶马上催。
醉卧沙场君莫笑，
古来征战几人回。

【赏析】

王翰是唐朝著名的边塞诗人，唐朝诗人的七绝都是乐府歌词，《凉州词》就是其中之一。前面我们还学过王之涣的《凉州词》。对于这首诗，读者有不同的感悟，有人认为这首诗重点是悲伤，因为自有战争以来，少有征人生还。但是也有人认为这首诗是豪迈的，表现了视死如归的勇气，那么到底你的感悟是什么呢？

出塞（其一）

王昌龄

秦时明月汉时关，
万里长征人未还。
但使龙城飞将在，
不教胡马度阴山。

王昌龄，字少伯，是盛唐时期著名的边塞诗人。后人誉为"七绝圣手"，可见其诗以七绝见长。

【赏析】

这首诗的大意是：月亮还是秦汉时的月亮，关隘还是秦汉时的关隘，外出戍边的人到现在还没有回来，要是当年抗击匈奴的名将还在，外敌就不敢侵犯我们的边疆。第三句龙城飞将具体指谁？有不同的说法，有的说飞将就是飞将军李广，也有的说指的是卫青，我们不妨把他理解成汉朝那些了不起的抗匈奴名将就可以了。在朗读的时候最后一句的第二个字要念教 jiāo，而不要念成 jiào。

从军行（其四）

王昌龄

青海长云暗雪山，
孤城遥望玉门关。
黄沙百战穿金甲，
不破楼兰终不还。

【赏析】

这首诗提到了三个地名，青海大概就是现在咱们的青海省；玉门是甘肃的敦煌附近；楼兰在唐朝的时候并没有一个楼兰国，主要指的是汉代的楼兰，在今天的新疆。诗人王昌龄二十七岁前后赴河陇，出玉门，漫游西北边地，对唐代边塞生活有了比较深的体验。所以他写出的《出塞》《从军行》都是脍炙人口的边塞诗。记得某一年举办的上海市小学生古诗文大会有这么一道题，让大家写写自己最喜欢的诗人，我想，对于小学生来说，可能会写李白、杜甫。我的儿子告诉我，他在考场上写的是王昌龄，我问他为什么，他说王昌龄是边塞诗人，他喜欢读边塞诗，边塞诗读起来感觉很豪迈、很有男子气。

芙蓉楼送辛渐

王昌龄

寒雨连江夜入吴，
平明送客楚山孤。
洛阳亲友如相问，
一片冰心在玉壶。

【赏析】

《芙蓉楼送辛渐》是一首送别诗，送别诗是古代常见的一种诗歌主题，比较出名的有李白的《赠汪伦》，"桃花潭水深千尺，不及汪伦送我情。"有白居易的《赋得古原草送别》，"又送王孙去，萋萋满别情。"有高适的《别董大》，"莫愁前路无知己，天下谁人不识君。"有我们前面学过的王勃的《送杜少府之任蜀州》，"海内存知己，天涯若比邻。"有王维的《渭城曲》，"劝君更尽一杯酒，西出阳关无故人。"

在这首诗里王昌龄送别自己的朋友辛渐，诗歌抒发了诗人和朋友的依依惜别之情，我们前面读过两首王昌龄的边塞诗，和现在的诗风有很大的不同，这说明诗人的情感是丰富而且多层次的。这首诗最后的两句，"洛阳亲友如相问，一片冰心在玉壶。"也是传颂千古的佳句，表明了诗人高洁的心智。

山中送别

王　维

山中相送罢，
日暮掩柴扉。
春草明年绿，
王孙归不归。

【作者】

　　这首诗的作者是唐代大诗人王维，与王维相关的名号，我们经常听到摩诘、王右丞、诗佛，这些名号和王维有什么关系呢？王维，字摩诘，二十岁时就中进士第一，开始了他的仕途，后官至尚书右丞，所以也叫作王右丞，他的诗作就收在《王右丞集》。晚年过着亦官亦隐的生活。诗与孟浩然齐名，世称"王孟"。王维的作品最主要的是山水田园诗，他到了晚年无心仕途，专程奉佛，所以后世也称其为诗佛。

【赏析】

　　王维的诗作非常丰富，存世约四百首，这首《山中送别》，不写离庭渐别的情境，而是匠心独运，选取了与一般送别诗全然不同的下笔着墨点，那就是送别之后。"山中相送罢"，在深山中送走了我的好友；"日暮掩柴扉"，夕阳落下，把柴门半掩；"春草明年绿"，春草到明年还会发新芽；"王孙归不归"，朋友啊，你明年还能来看我吗？

杂诗三首（其二）

王　维

君自故乡来，
应知故乡事。
来日绮窗前，
寒梅著花未？

【赏析】

　　前面学习孟浩然的诗歌时，我们知道孟浩然的诗歌是淡得看不见的诗，其实和他齐名的王维，他的诗歌也有这样的特点。这首《杂诗三首（其二）》就是其中的代表。"君自故乡来，应知故乡事。"您是刚从我们家乡出来的，一定了解家乡的人情事态。"来日绮窗前，寒梅著花未？"绮窗是指花纹雕刻精美的窗户，请问您来时我家绮窗前那一株腊梅花开了没有啊？《杂诗三首（其二）》是一首书写怀乡之情的诗，诗歌以白描寄言的手法，简洁而形象地刻画了主人公思乡的情怀。对于离乡游子而言，故乡可以怀念的东西有很多，或山川景物，或风土人情，但王维单单写了窗前寒梅，真是于细微处见精神，寓巧于朴，情深意切。

鸟鸣涧

王　维

人闲桂花落，
夜静春山空。
月出惊山鸟，

时鸣春涧中。

【赏析】

　　这首《鸟鸣涧》是王维山水诗中的代表作品。这首诗的精妙之处就在于动静的对比衬托。诗中所写的是花落、月出、鸟鸣这些动的景物，同时又通过动更加突出地显示了春涧的幽静、心境的幽静。比如首句，"人闲桂花落，夜静春山空。"花开花落都属于天籁之音，唯有心灵真正静下来闲下来，放下对世俗杂念的迷恋，才能听见花开花落的声音。动的景物反而能有静的效果，正所谓"鸟鸣山更幽"，这里面是包含着以动衬静的诗情画意。

竹里馆

王　维

独坐幽篁里，
弹琴复长啸。
深林人不知，
明月来相照。

【赏析】

　　竹里馆是一处地名，指的是王维辋川别墅中的一个地方，幽篁的篁指竹子，幽篁就是幽深茂密的竹林。"独坐幽篁里，弹琴复长啸。"独自坐在幽深的竹林里，一边弹琴一边长啸，那么这具体发生在什么时间呢？"深林人不知，明月来相照。"深深的山林中无人知晓，皎洁的月亮从空中映照。这首诗写诗人独自一人坐在竹林里弹琴、长啸，表现出一种清寂安详的境界。

送元二使安西

王　维

渭城朝雨浥轻尘，
客舍青青柳色新。
劝君更尽一杯酒，
西出阳关无故人。

【赏析】

　　《送元二使安西》是一首经典的送别诗，后来有音乐人谱曲编入乐府，又叫《阳关三叠》或者叫《渭城曲》，所以全唐诗中的《渭城曲》也是指的同一首诗歌。在我们朗读诗题的时候要注意断句，"送"，送别；"元二"是王维的一个朋友，叫元二；"使"，出使，奉命出使；"安西"是一个地名，现在新疆库车附近。"渭城朝雨浥轻尘，客舍青青柳色新。"这里朝雨就是早晨的细雨，洗净了渭城路上的轻尘。渭城在什么地方呢？在今天陕西西安附近，那么旅店前的柳树因为细雨的洗涤就显得颜色鲜嫩。"劝君更尽一杯酒，西出阳关无故人。"阳关在甘肃敦煌附近。好朋友，请你再饮一杯酒吧，出了阳关就没有熟人了。

九月九日忆山东兄弟

王　维

独在异乡为异客，
每逢佳节倍思亲。
遥知兄弟登高处，

遍插茱萸少一人。

【赏析】

　　关于这首诗，我一直有两个误解，我以为《九月九日忆山东兄弟》是王维至少中年或者中年以后的作品，因为这首诗读起来非常地朴实厚重。这次查资料才知道，王维写这首诗的时候才只有十七岁，真是一位早熟的诗人。另一个误解是关于诗题中的山东，王维明明是山西人，怎么会怀念山东的兄弟呢？山东、山西是现代意义上的一个划分，是以太行山为界，而当时十七岁的王维是在长安谋取功名，他怀念的是位于山西的、华山之东的他的父老乡亲。很多谋取功名的仕子在帝都迷失于繁华中，而这位十七岁的少年游子却在重阳节的时候感觉到了更多的孤独。九月九日是中国传统的重阳节，很多地方都有登高、插茱萸的习俗。茱萸是什么呢？茱萸是一种带有香气的植物。

使至塞上

王　维

单车欲问边，属国过居延。
征蓬出汉塞，归雁入胡天。
大漠孤烟直，长河落日圆。
萧关逢候骑，都护在燕然。

【赏析】

　　在朗读的时候我们要注意三个字的读音，"单车欲问边"的"车"（jū）不念 chē，"大漠孤烟直"最后这个字念入声，"萧关逢候骑"骑也念入声（jì）。开元二十五年监察御史王维奉唐玄宗的命令前往平凉犒劳将士，探访军情。这首《使至塞上》就写作于去该地的途中。这首诗描写了黄河上游的壮阔景色，记录了诗人第一次到塞上的所见所感。首联和颔联以"欲问边"开头，过居延，出汉塞，入胡天，这些词的依次出现表明了王维行程的紧凑和路途的遥远。当时正值春天，诗人形容自己就像随风飘扬的蓬草一样，出了汉塞，仿佛振翅北飞的归雁一样来到胡天，将塞上的所见和所感表现了出来。

第三、四句描写了进入边境后所见到的壮美、绮丽的塞外景色，"大漠孤烟直，长河落日圆。"这一句因其意境壮阔而广为流传，其中一个"大"字表现了边疆沙漠的广阔，一个"孤"字表现了烽火燃烧时浓烟的醒目和沙漠的荒凉单调，一个"直"字又表现了烟的挺拔刚劲。"直"和"圆"的搭配使用触动了诗人的悲壮诗情。到尾联，"萧关逢候骑，都护在燕然。"诗人的基调已经由悲寂变为喜悦，为什么呢？因为诗人在路上遇到了候骑，听到了捷报。诗人将悲壮慷慨的情怀融入了壮阔的边塞景色之中。

华子冈

裴　迪

日落松风起，
还家草露晞。
云光侵履迹，
山翠拂人衣。

【赏析】

《华子冈》是盛唐时期山水田园派诗人裴迪创作的五言绝句，我必须承认在研读这首诗之前，我还真的不了解这位诗人以及他的作品。叶嘉莹先生在选编这个诗选的时候可能是按照时间的顺序把裴迪放在了王维和李白之间。王维她选了七首诗，李白选了十几首，这就让我对这只选了一首的裴迪愈发发生兴趣。其实裴迪是王维的好朋友，早年与诗佛王维过从甚密，晚年居辋川终南山，两人来往更为频繁。诗题《华子冈》指的是就是王维隐居地辋川别墅中的一个风景点，王维隐居辋川，诗人裴迪与他扶舟往来，谈情赋诗，两人各写了二十首小诗，咏辋川胜迹，因此还编了一本《辋川集》。这首《华子冈》就是其中的第二首。全诗描写了华子冈的美丽景色，表达了诗人对此地美景的留恋之情。"日落松风起，还家草露晞。"夕阳西沉，松风阵阵，漫步回家途中看到草上的露珠已经干了，"云光侵履迹，山翠拂人衣。"落日余晖浸染身后长长的足迹，山色清脆灵动，仿佛在轻拂诗人的衣衫。这首诗的对偶非常工整，"松风起"对"草露晞"，"云光侵履迹"对"山翠拂人衣"。

静夜思

李 白

床前明月光，
疑是地上霜。
举头望明月，
低头思故乡。

【作者】

李白，字太白，号青莲居士，又号"谪仙人"，是唐代伟大的浪漫主义诗人，被后人誉为"诗仙"，与杜甫并称为"李杜"。

【小知识】

《静夜思》是首思乡之诗，被称为千古思乡第一诗，这首小诗清新自然，是我们每个中国人从小都喜欢吟诵的。因为大家特别熟悉，我也不必一句句解释，但是很想就诗中的一个字——"床"字，分享一下围绕"床"字的一些争议。我们小时候学习这首诗的时候一定认为床就是卧榻，大概我们的老师也是这么教的，最早提出异议的是郭沫若先生，他认为若是睡在床上，那一定是室内，怎么可能结霜呢？2008年收藏家马未都在《百家讲坛》提出"床"是小马扎的意思，他说，唐代以前的门窗都很小，门是板门不透光，窗户糊着纸也是不太透光的，光线进不来，不可能在床前看到月光，李白一定是搬了个小板凳在院子里赏月呢。支持马未都的人不多，很多学者认为"床"指的是井栏，井旁边的围栏。前年就有一个电视国学节目指出《辞海》上有明确的注释，"床"是指井栏，想想也有道理，李白是在院子里井栏边赏月思乡，古人把有井水处称为故乡。蒙曼在《百家讲坛》也曾讲过李白的《长干行》，"郎骑竹马来，绕床弄青梅。"这里面的这个"床"也不是指卧榻，而是指井栏。

独坐敬亭山

李　白

众鸟高飞尽，
孤云独去闲。
相看两不厌，
只有敬亭山。

【赏析】

诵读时第二句里的"独"念入声，是作为仄声使用的，第三句的"看"读作 kān。李白一生曾到宣城七次，敬亭山就在今天安徽宣城境内。这首五绝写于天宝十二年诗人秋游宣州之时，当时他离开长安已经十年，期间的四处漂泊使他倍感世间的辛酸，对现实更加不满。独坐敬亭山上，在书写闲情逸致的同时，诗人也表达了怀才不遇的孤寂之情。

头两句用孤独写孤独，写独坐之时众鸟飞尽、孤云独去的景象；后两句用不孤独写孤独，孤独之感更加明显，鸟尽云去，独坐在敬亭山中，世间的一切都忘了诗人的存在，似乎只有敬亭山静静地存在，这里诗人用了拟人的手法，认为自己在看敬亭山的同时，山也在看他，有意要和他做伴，似乎有着相看两不厌的深厚情谊。这里用山的友情衬托世间无情的写法，将诗人处处碰壁、寂寞悲凄的境地表现了出来。在学习《独坐敬亭山》的时候，我想到了柳宗元的一首诗——《江雪》，"千山鸟飞绝，万径人踪灭。孤舟蓑笠翁，独钓寒江雪"。大家可以比较一下，柳宗元的诗后两句我觉得表现了一种孤傲，而《独坐敬亭山》里的李白最后两句写的就是孤寂了。

夜宿山寺

李 白

危楼高百尺，
手可摘星辰。
不敢高声语，
恐惊天上人。

【赏析】

　　按照古人的吟诵，第一句第二句各有一个入声字，所以我的朗读听起来和我们平时普通话的朗诵很不一样，因为我是按照叶嘉莹推荐的吟诵版本来朗读的。前面学习的两首李白的诗《静夜思》《独坐敬亭山》，我们能隐隐约约体会李白的安静。这首《夜宿山寺》能读出诗人的动，而且被他丰富夸张的想象力所感动。简单地看，这首诗不过是写诗人夜入藏经楼登高望远这样一件平常事。叶嘉莹先生的老师顾准是这样评价的，虽日常生活，太白写来皆有仙气。果不其然，尤其后两句，"不敢高声语，恐惊天上人。"酣畅淋漓地表达出诗人在高处的愉悦、可爱和率真。

闻王昌龄左迁龙标遥有此寄

李 白

杨花落尽子规啼，
闻道龙标过五溪。
我寄愁心与明月，
随风直到夜郎西。

　　这首诗的诗题很长，具体什么意思呢？"闻"，听闻，听说；"王昌龄"，我们以前已经学过了，唐代的诗人，李白的好朋友；"左迁"就是贬官，古人尊右卑左，贬官就叫左迁；"龙标"是湖南的一个地方，古人常用官职或任官之地的州县名来称呼一个人。整个诗题就是说李白听说好友王昌龄贬官到了龙标，他不能前往送行，而写下了一首诗。

【赏析】

　　第一、二句："杨花落尽子规啼，闻道龙标过五溪。"写景，写时令，写遥想的旅途。"子规"就是杜鹃花，"五溪"是湖南、贵州一带的溪水，王昌龄去龙标必须经过这五溪。后两句："我寄愁心与明月，随风直到夜郎西。"这是抒情，人隔两处无法相见，还好有轮明月可以千里相随。

【小知识】

　　月亮在中国古诗中太重要了，李白的咏月诗也很多，民族大学的蒙曼老师也总结过，我在这里和大家一起分享。李白小时候天真烂漫的时候写过，"小时不识月，呼作白玉盘。"长大了豪情满怀，有"俱怀逸兴壮思飞，欲上青天揽明月。"知己难求，孤独了，有"举杯邀明月，对饮成三人。"半生漂泊，思乡了，有"举头望明月，低头思故乡。"写月亮漂亮，"月下飞天近，云生结海楼。"写月亮多情，"暮从碧山下，山月随人归。"最豪迈，"人生得意须尽欢，莫使金樽空对月。"最婉约，"却下水晶帘，玲珑望秋月。"最感慨，"今人不见古时月，今月曾经照古人。"我们再回到《闻王昌龄左迁龙标遥有此寄》的最后两句，夜郎就是指当时贵州、湖南一带偏远之地，李白在东南，所以说"随风直到夜郎西"。

望庐山瀑布

李　白

日照香炉生紫烟，

遥看瀑布挂前川。

飞流直下三千尺，

疑是银河落九天。

【赏析】

　　安史之乱爆发的第二年六月，也就是天宝十五年，李白到了庐山并在那里度过了夏、秋、冬。期间他写了二十四首诗，这首《望庐山瀑布》就是其中很有名的一首。第一句"日照香炉生紫烟"，写了望瀑布的时间、地点和背景。主要就是写庐山的香炉峰，太阳升起来后金色的阳光照到香炉峰上，那里会呈现出一种难得的紫色的烟气，诗人用了"生"而不是升起的"升"，把香炉峰写活了。第二句"遥看瀑布挂前川"，诗人的视线转移到了山上的瀑布，"遥看"交代的是远观，瀑布就像一条白白的长链挂于山川间，"挂"字写出了瀑布的静态。《望庐山瀑布》这首诗前半部分是客观的写实，后半部分就是夸张的比喻和奇妙的想象。第三句"飞流直下三千尺"，几笔写出了瀑布的动态。第四句"疑是银河落九天"，将瀑布比成银河落九天，既夸张又自然，既生动又真实，既奇妙又真确。我们从学到现在的五首诗里面，"疑是"的这个结构已经出现了两次，第一次是在《静夜思》，"床前明月光，疑是地上霜。"第二次就在《望庐山瀑布》，"飞流直下三千尺，疑是银河落九天"。这首《望庐山瀑布》是望瀑诗中的佳作。古人对它的评价是"入乎其内，发乎其外。想落天外，形神兼备。"

春夜洛城闻笛

李　白

谁家玉笛暗飞声，

散入春风满洛城。

此夜曲中闻折柳，

何人不起故园情。

这首诗作于开元二十三年，当时李白正畅游洛阳城，夜来人静之时，笛声触发了他浓烈的思乡之情。这首诗的诗题《春夜洛城闻笛》，把时间、地点、事件都交代了，这里的洛城就是指唐朝繁华的一座城市——洛阳。

我们按照古人吟诵的平仄要求，把"笛"和"折"都读作入声。

【赏析】

"谁家玉笛暗飞声，散入春风满洛城。"是谁家隐隐传出来悠扬的笛声呢，随着春风传遍了洛阳城。"此夜曲中闻折柳"，原来让诗人感动的笛声正是一曲凄清、婉转的思乡曲，名叫《折杨柳》。古人离别以折柳相送，希望亲人回来也折柳。据说这是因为柳树的"柳"和留下的"留"谐音，所以借折柳来表达离情别绪。最后一句"何人不起故园情"的感慨，将诗人自己的个人情怀上升为洛阳全城人的情怀，同时也引起了读者的强烈共鸣。《论语》里有"闻一而知十，举一而反三"的话，说的就是推而广之、阔而充之的意思。诗歌不是教训人，是在感动人，是推，是化。做人，作诗，实在是换他心为我心，换天下心为我心。

赠汪伦

李 白

李白乘舟将欲行，
忽闻岸上踏歌声。
桃花潭水深千尺，
不及汪伦送我情。

【赏析】

送别是中国古诗中很重要的内容，因为当时交通不发达，朋友别离后往往要经年累月才能相见，甚至一生都不相见，古诗中的送别都是那样的情真意切。李白有很多好朋友，比如贺知章、孟浩然、杜甫都是我们熟知的唐代大家, 唯有《赠汪伦》里的汪伦是何许人也? 历代出版的《唐诗三百首》《全唐诗注解》都认为汪伦是李白游经泾县遇到的一位普通村民。现在考察史料的资源和手段更丰富了, 有些学者考证出汪伦也是当地的一位名士, 曾任泾县的县令。

这里再和大家分享一则关于汪伦和李白的趣事, 根据清代袁枚的《随园诗话补遗》, 这位和李白素不相识的汪伦曾经写信给李白, 邀他去泾县旅游, 信上热情洋溢地写道: "先生好游乎, 此地有十里桃花。先生好饮乎, 此地有万家酒店。" 喜欢旅游、喜欢喝酒的李白当然欣然而往, 到了当地, 汪伦道, "桃花者, 潭水名也, 并无桃花; 万家者, 店主人姓万也, 并无万家酒店。" 引得李白大笑, 留数日离去, 临行时写下了上面的这首诗。第一句"李白乘舟将欲行", 这种语气简直是不假思索, 顺口而出。"忽闻岸上踏歌声", "忽闻"二字表明汪伦的到来是有些不期而至, 人未到而声先闻, 歌声不仅热情爽朗而且踏步而歌, 这好像西方人跳的踢踏舞, 李白和汪伦的离别不作儿女沾巾之态, 短短十四个字就写出两人乐天派的性格。"桃花潭水深千尺, 不及汪伦送我情。" 用流水之深来比喻人的感情是诗家常用的写法, 如果只是说汪伦对我情深如潭水, 那也就平庸了, 李白说的是潭水深千尺, 不及汪伦情, 这种比较就把反语变为妙境。古人写诗一般忌讳在诗中直呼其名, 而此诗呢, 自呼其名开始, 又呼对方名作结, 反而显得真率、亲切而洒脱。

黄鹤楼送孟浩然之广陵

李 白

故人西辞黄鹤楼,
烟花三月下扬州。
孤帆远影碧空尽,
唯见长江天际流。

　　如果说王勃的《送杜少府之任蜀州》好在雄壮、豪迈，李白的这首《黄鹤楼送孟浩然之广陵》则好在风流、浪漫。这是一位最风流的诗人送别一位风流的朋友到一个风流的地方去而写的一首最风流浪漫的诗。第一句"故人西辞黄鹤楼"，字面上看是交代了地点和两个人的关系，但是并不是那么简单。崔浩也写过《黄鹤楼》，黄鹤楼有先人驾鹤临空的传说，不信你读这句诗，是不是很有仙气，有一种飘飘欲仙的感觉。风流的孟夫子东下就像是神仙东游。第二句"烟花三月下扬州"，字面上看交代的是时间和旅行目的地，但这句话画面感特别强，什么样的三月？什么样的扬州？柳如烟、花似锦的三月，春光是烟花千里，扬州是染红十丈，这是一次多么美好的旅行啊！李白是多么的羡慕。第三、四句"孤帆远影碧空尽，唯见长江天际流。"是写景，是透过诗人送别时的眼睛看到的景色，但这是单纯的景色吗？"一切景语皆情语"，帆船、天空、天际流的长江，都是诗人澎湃的心潮啊！

早发白帝城

李　白

朝辞白帝彩云间，

千里江陵一日还。

两岸猿声啼不住，

轻舟已过万重山。

【赏析】

　　唐肃宗乾元二年，李白被流放到了夜郎，从四川取道经过夔州白帝城时，诗人忽闻获赦，就是听到赦免的消息，他惊喜交加，立即回船下江陵，所以这首《早发白帝城》又叫《下江陵》。"朝辞白帝彩云间，千里江陵一日还。"早上告别彩云环绕的白帝城，只花一天时间就可回到千里之外的江陵。"两岸猿声啼不住，轻舟已过万重山。"在长江两岸阵阵猿啼声中，客船已经顺江而下，越过了岸边很多青山。小的时候我读这首诗没有去细心体会，只认为这是李白记录了一段旅程，现在结合时代背景，就可以了解到其实每一句我们都能体会李白的那种兴奋与喜悦。李白是什么时候出发的呢？一大早就出发了，他眼中的白帝城是什么样的？是在彩云之间的，江陵虽在千里之外，但是诗人急于还乡，猿声啼不住是因为船速太快，不经意间，轻舟已过万重山，一个"轻"字也点明船行急速，诗人急于还乡的喜悦之情。明代的文学家杨慎在《升庵诗话》中曾称赞这首诗"惊风雨而泣鬼神矣"。这首《早发白帝城》充满了诗人遭遇种种困难之后突然爆发出来的一种感情力量，雄壮、迅疾、豪迈、欢喜，令人回味。

望天门山

李　白

天门中断楚江开，
碧水东流至此回。
两岸青山相对出，
孤帆一片日边来。

【赏析】

在朗读这首诗的时候，我们要注意一下第三句，"两岸青山相对出，"这个"出"字要念入声。

《望天门山》是一首七言绝句，描写并赞美了长江经过安徽当涂的一段的奇美景色。李白的一生与安徽有着千丝万缕的不解之缘，我们前面学过《赠汪伦》的桃花潭就在安徽的泾县。唐上元二年，李白养病就在安徽的当涂，宝应元年李白六十二岁病逝就安葬在当涂的龙山东路。"天门中断楚江开，碧水东流至此回。"第一句用山来写水的奔涌，第二句用水来反衬山的险峻。"两岸青山相对出，孤帆一片日边来。"这两句特别有画面感，本来是夹江而立的两座山，如今诗人感到这两座山就像迎向自己。诗人乘坐的孤舟向太阳升起的地方慢慢驶去，这种画面是不是让人感到在饱览名山大川时那种愉悦的心情？

峨眉山月歌

李 白

峨眉山月半轮秋，
影入平羌江水流。
夜发清溪向三峡，
思君不见下渝州。

【赏析】

在朗读的时候，第三句有两个字要读入声，"夜发清溪向三峡"，"发"和"峡"都读入声。

《峨眉山月歌》是李白初次出四川时创作的一首依恋家乡山水的诗，写诗人在船中所见的夜景。峨眉山上空高悬着半轮秋月，平羌江水中流动着月亮的倒影，首句是仰望，写静态之景；第二句是俯视，写动态之景；第三句写出发和前往的地方；第四句写思念友人。仗剑去国、辞亲远游的青年李白乍离乡土对故国故土不免恋恋不舍，江行见月，如见故人。这首《峨眉山月歌》一连用了五个地名，不着痕迹，构思精巧，我们可以看到诗人依次经过的地点是峨眉山、平羌江、清溪、三峡和渝州。诗人通过山月和江水展现了一幅千里蜀江行旅图。李白的诗歌我们已经读了好多首，他的语言非常自然、简单，但是又特别地有画面感，构思新颖精巧，意境清朗秀美。

黄鹤楼闻笛

李 白

一为迁客去长沙，
西望长安不见家。
黄鹤楼中吹玉笛，
江城五月落梅花。

【赏析】

　　《黄鹤楼闻笛》是唐代诗人李白创作的一首七言绝句，诗中的"笛"要念入声。当时李白因永王李璘事件受到牵连流放夜郎，经过武昌时游黄鹤楼听到笛声所作。"一为迁客去长沙"，诗人用贾谊的不幸来比喻自己的遭遇。贾谊是谁呢？我们中学读过《过秦论》，贾谊是西汉初年著名的政论家和文学家，十八岁就很有才名，二十多岁就被汉文帝招为博士，不到一年被破格提为太中大夫，但在二十三岁时因遭群臣忌恨，被贬为长沙王的太傅，所以这里说的"迁客""长沙"都是指贾谊。"西望长安不见家"，政治上的打击并没有使诗人忘怀国事，在流放途中，李白不禁西望长安，然而长安万里迢迢，对迁谪之人来说是多么遥远，望而不见不免感到惆怅。"黄鹤楼中吹玉笛，江城五月落梅花。"听到黄鹤楼上吹奏的《梅花落》的笛声，诗人感到格外凄凉，仿佛五月的江城（也就是武汉）落满了梅花，梅花本是寒冬开放，景象虽美，却不免给人凛然生寒。这正是诗人冷落心情的写照，同时使人联想到六月飞雪，六月飞霜。李白语近情遥，含吐不露，使人从吹玉笛、落梅花这些眼前景、口头语感受到了诗人的弦外之音。

山中答问

李　白

问余何意栖碧山，
笑而不答心自闲。
桃花流水窅然去，
别有天地非人间。

【诗题／词牌】

既然诗题叫作《山中答问》，自然就是有问有答，那么谁在问，谁在答呢？这首诗还有一个题目叫作《山中答俗人》，所以很明显是有一个俗人在问，诗人在答。

【赏析】

"问余何意栖碧山"，有人问我，"余"就是我，为什么隐居在这僻静偏远的碧山上呢？碧山是湖北安陆的一个地名，据传李白出川也就是离开四川以后曾在安陆碧山桃花园隐居。"笑而不答心自闲"，诗人笑而不答心中却觉得十分闲适。"桃花流水窅然去，别有天地非人间。"缤纷飘落的桃花，随着流水悠悠地向远方流去，这种景象就像别有天地的桃花源一样，不是凡尘俗世所能比拟的。我们可以看出这首七言绝句表现了诗人闲适恬淡的心境与钟情自然的情趣。

【小知识】

有读者问，经常说到七言、五言、绝句、律诗到底是什么意思？七言五言指的是每句几个字，每句七个字就是七言，每句五个字就是五言。绝句呢，就是一共四句就叫绝句。如果是五言绝句就是四句二十个字，七言绝句就是四句二十八个字。律诗呢，就是一共八句，五言律诗就八句四十个字，七言律诗就是八句五十六个字。结合我们学习的这本书，我们到现在学过李白的《静夜思》《独坐敬亭山》《夜宿山寺》都应该是五言绝句，从《闻王昌龄左迁龙标遥有此寄》一直到今天学的《山中答问》都是七言绝句，那么接下来我们要学的李白的《送友人》是什么呢？下次我们再讲。

送友人

李　白

青山横北郭，白水绕东城。
此地一为别，孤蓬万里征。
浮云游子意，落日故人情。
挥手自兹去，萧萧班马鸣。

【赏析】

首先我们来了解，这首诗歌的大意。首联"青山横北郭，白水绕东城。""郭"就是指外城。巍峨的青山横卧在北城之外，清澈的流水紧紧地环绕着东城。这两句诗让我们想起了孟浩然的《过故人庄》的里面有"绿树村边合，青山郭外斜。"这大概就是李白以自己的方式向经典致敬，向朋友致敬。李白呢，是一个喜欢结交比他年纪大的朋友的人，孟浩然、贺知章这些诗人都是他的朋友，要知道孟浩然比他大了十二岁，贺知章整整比他大四十二岁。颔联"此地一为别，孤蓬万里征。"你我今天在此地分别，你就像孤零零的蓬草万里飘零，孤蓬又名飞蓬，干枯以后根容易折断，所以常随风飞旋，诗中借喻远行的朋友。在王维的《使至塞上》也有这种比喻，那句是"征蓬出汉塞"。颈联"浮云游子意，落日故人情。"浮云飘忽不定，就像你的心境，落日迟迟就如朋友惜别深情。尾联"挥手自兹去，萧萧班马鸣。"注意这里的"班马"不是指动物的那个斑马，它是指离群的马，"萧萧"呢？是马的嘶叫声。忍痛挥手告别，便从此离开，马儿也不愿分离，发出潇潇的鸣叫。

【小知识】

李白的《送友人》是五言律诗，律诗和绝句相比，除了句数上有不同，律诗的格律要求更为严格，所以它叫律诗，除了要严格地遵守平仄、押韵这些规则，还要讲究对仗，在这首《送友人》里我们可以轻而易举地找到两组对偶："青山横北郭"对"白水绕东城"，还有就是"浮云游子意"对"落日故人情"。

关山月

李 白

明月出天山，苍茫云海间。
长风几万里，吹度玉门关。
汉下白登道，胡窥青海湾。
由来征战地，不见有人还。
戍客望边邑，思归多苦颜。
高楼当此夜，叹息未应闲。

【诗题/词牌】

《关山月》是乐府旧题，《乐府古题要解》里是这样说的，《关山月》伤离别也，因此一般人作《关山月》多半是抒发离别，哀伤之情，李白的《关山月》也主要写远离家乡的戍边将士对家中亲人的思念。

【赏析】

李白的《关山月》气象雄浑，哀而不伤，全诗分为三层，四句一层，由关山明月、沙场哀怨、戍客思归三部分组成。开头四句围绕关、山、月，描写辽阔的边塞图景，中间四句具体写战争的景象、战场的残酷，后四句写戍边将士和留守家人的相互思念。

前四句"明月出天山，苍茫云海间。长风几万里，吹度玉门关。"这里有两个地名，天山不是咱们新疆的那个天山，是横亘在甘肃青海的祁连山，玉门关则在现在甘肃敦煌的西北面，扼守丝绸之路的咽喉要道，是中原和西域的分界线。这里表面上似乎只是写自然景象，但只要设身处地就能感觉到，这是戍边将士东望故乡的所见。顺便插一句，历代无数骚人墨客都喜欢迎风弄月，喜欢写和月亮有关的诗篇，在所有的诗人里，李白似乎和月亮的情缘最深。他一生留下一千多首诗，写到月亮的就有三百多篇，比写到酒的还要多。写了一辈子月亮，连儿子取名字也叫明月奴，当李白走到人生的尽头，人们愿意相信他是喝醉酒要去水中捞月才落水而亡的，当然这是题外话。

《关山月》的中间四句"汉下白登道，胡窥青海湾。由来征战地，不见有人还。"这里也有两个地名，白登道，青海湾，汉高祖刘邦曾被匈奴在白登山围困了七天七夜，而青海湾一带则是唐军与吐蕃连年征战之地，这种历年历代无休止的战争使得出征的战士几乎见不到有人生还故乡。以前我没有注意，现在朗读古诗词，我发现古诗词中中国的地名真是诗情画意，白登道、青海湾，对仗也工整，而且有一种气势。《关山月》的中间四句在结构上起着承上启下的作用，描写的对象由边塞过渡到战争，由战争过渡到征戍者。

最后四句"戍客望边邑，思归多苦颜。高楼当此夜，叹息未应闲。"战士们望着边地的景象，思念家乡，脸上现出愁苦的颜色，他们推想自家楼上的妻子在此苍茫月夜，叹息之声当是不会停止的。离人思妇之情在一般诗人笔下往往写得纤弱，过于愁苦，境界也往往狭窄，只有胸襟如李白这样的大诗人才会用广阔的时间和空间做背景，把眼前的思乡离别之情融合进去，这是其他诗人难以企及的。

月下独酌

李 白

花间一壶酒，独酌无相亲。
举杯邀明月，对影成三人。
月既不解饮，影徒随我身。

暂半月将影，行乐须及春。

我歌月徘徊，我舞影零乱。

醒时同交欢，醉后各分散。

永结无情游，相期邈云汉。

【赏析】

这是《月下独酌》四首当中的第一首，"酌"要念入声。当时唐朝开始败落，李林甫及其同党排斥异己，把持朝政，李白性格孤傲，当然不为所容，但是他既无法改变现状又没有其他前途，所以感到孤独，只好用喝酒赏月消磨时光，于是就有了这首诗。这首诗分三个部分，前四句为第一部分，描写人、月影、对饮相酌的画面。"花间一壶酒，独酌无相亲。举杯邀明月，对影成三人。"在花丛中间摆放一壶好酒，自斟自饮，无亲无友，我举起酒杯邀请明月，低头窥见自己的身影，一起饮酒的仿佛已有三人，从一人到三人好像热闹其实更孤独。第五到第八句是第二部分，由月影引发议论，"月既不解饮，影徒随我身。暂半月将影，行乐须及春。"可惜明月不懂饮酒的乐趣，影子也徒然伴随着我，暂且将明月、身影做伴侣，及时行乐，趁着春宵良辰，诗人无奈的神态跃然纸上。最后六句是第三部分，诗人慢慢醉了，边歌边舞，"我歌月徘徊，我舞影零乱。醒时同交欢，醉后各分散。永结无情游，相期邈云汉。"我歌唱时月亮好像徘徊不近，我起舞时影子摇摆凌乱，清醒时咱们尽管作乐寻欢，醉了以后免不了要各自离散，愿与月影结为忘情好友，将来在茫茫的星河相见，诗人想和月影永结无情友，相期邈云汉。这首诗让我想到了《独坐敬亭山》，也是用动写静，用热闹写孤寂，艺术效果十分强烈。

长干行二首（其一）

李 白

妾发初覆额，折花门前剧。

郎骑竹马来，绕床弄青梅。

同居长干里，两小无嫌猜。

十四为君妇，羞颜未尝开。

低头向暗壁，千唤不一回。

十五始展眉，愿同尘与灰。

常存抱柱信，岂上望夫台。

十六君远行，瞿塘滟滪堆。

五月不可触，猿声天上哀。

门前送行迹，一一生绿苔。

苔深不能扫，落叶秋风早。

八月蝴蝶黄，双飞西园草。

感此伤妾心，坐愁红颜老。

早晚下三巴，欲将书报家。

相迎不道远，直至长风沙。

【诗题／词牌】

在叶嘉莹先生选编的这本诗选里一共收录李白的诗歌十七首，最后这第十七首就是《长干行二首（其一）》，是一首比较长的叙事诗，和前面十六首的画风完全不一样。我们今天用到的两个成语，青梅竹马、两小无猜，原来都是来自这首诗。《长干行》是乐府旧题，原来是长江下游地区的民歌，多数描写渔家妇人的生活。这首李白的《长干行》通过一个商妇的自白，缠绵婉转地道出了对外出经商的夫君的思念，而且诗人用年龄叙述法和四季相思的格调，巧妙地把一个青年妇人追忆的生活片段连缀成了一个艺术整体。

【赏析】

开头六句"妾发初覆额，折花门前剧。郎骑竹马来，绕床弄青梅。同居长干里，两小无嫌猜。"追忆了与夫君青梅竹马、两小无猜的儿时情景。古代人长大要束发，这里说妾发初覆额，说明男女主人公当时年龄还很小，我的头发刚刚覆盖额头，折花枝在门前嬉戏游玩，你骑着竹竿当马向我跑来，捧着青梅绕着井栏互相追赶，我俩在长干里居住多年，儿时天真烂漫不避嫌疑。

"十四为君妇，羞颜未尝开。低头向暗壁，千唤不一回。"这四句生动地表现了少女成婚的娇羞和甜蜜。当时唐朝的合法婚龄是男十五，女十三，两个儿时的小伙伴变成夫妻，女子还是十分羞涩的。十四岁我嫁给你做妻子，羞怯怯不敢展露出笑颜，低着头对着昏暗的墙壁，千呼万唤也不回头。

"十五始展眉，愿同尘与灰。常存抱柱信，岂上望夫台。"这四句描写了两人婚后感情美满、恩爱有加的情形，"始展眉"回应前面的"未尝开"，这四句里还有一个典故——"抱柱信"。《庄子》中记载，尾生与相好的女子约好桥下相会，结果女子未来，大雨滂沱，洪水爆发，尾生抱着梁柱而死。诗人用抱柱信表达了少妇的忠贞。十五岁时才敢展眉舒颜，愿意同你像尘与灰一样同生共患，我经常怀着抱柱的信念，哪想到会在望夫台上站。

"十六君远行，瞿塘滟滪堆。五月不可触，猿声天上哀。"这四句写丈夫远行经商，少妇为之担惊受怕的心情。十六岁时你就离家远行，走过三峡，还要闯滟滪堆，五月涨水滟滪堆不可入，两岸的猿猴哀啼声震天。

"门前送行迹，一一生绿苔。苔深不能扫，落叶秋风早。八月蝴蝶黄，双飞西园草。感此伤妾心，坐愁红颜老。"这八句触景生情，描写商妇深深地相思，你我共同生活时留在门前的足迹现在都已经长满了绿苔，绿苔深厚我不忍心清扫。落叶飘落，今年的秋天来得分外早，八月深秋蝴蝶结对飞来，双双在西园草地上往还，看此情景，我心里分外悲伤，极度地悲愁，眼看红颜衰败。

"早晚下三巴，欲将书报家。相迎不道远，直至长风沙。"结尾四句写少妇期待夫君早回，你何时下三巴，返回家园，请先把书信捎到我身边，道路多远我都会去迎接你，直到那长风沙等你回还，长风沙离长干里所在的南京有数百里之远，在今天安徽安庆市东的长江边上，商妇当然不可能去那么远的地方迎接夫君，这是夸张的手法，但对表现她的心情有非常重要的作用，这里商妇对夫君热烈的爱，对见面的期待都被诗人生动地表现了出来。

长干行（其一）

崔　颢

君家何处住，
妾住在横塘。
停船暂借问，
或恐是同乡。

【赏析】

　　崔颢是唐代的诗人，《长干行》是乐府旧题，是民歌，写的多半是长江边上儿女之情的小故事。崔颢写了一组四首诗《长干行》。《唐诗三百首》例选了其中的前两首，我们不妨看一下这前两首。第一首是少女起问，第二首是男子唱答，恰如民歌中的对唱，抓取了青年男女人生中富有戏剧性的一幕。崔颢的《长干行》文字朴素，语言精练，完全可以省去逐句翻译的工夫。

　　《长干行（其一）》，"君家何处住，妾住在横塘。停船暂借问，或恐是同乡。"这是谁在说话？是渔家女，她和谁在说话呢？和一个小伙子在搭讪。初读好像一个渔家女在拉家常，好像很简单，但是细读起来可是不简单，结合当时的时代背景考虑，封建社会是讲究男女授受不亲的，一个年轻的渔家女主动和陌生的男子搭讪，这可是需要勇气的。我们可以脑补一下当时的场景，一个本来应该深藏闺阁的姑娘，为了讨生活，在长江上风里来，雨里去，多不容易，忽然在行船中听见家乡的口音，而且是青年男子的声音，她是多么惊喜。老乡见老乡，两眼泪汪汪啊，她马上停下船，脱口而出，"大哥，你是哪里人？我可是住在横塘。"渔家女多么率真，可是话一出口，她可能觉得不大合适，怕别人误会，赶紧给自己找台阶下。她接着说，"我停下船是因为听见您和别人说话的口音像是我的老乡，您别误会，我可不是随便搭讪的轻浮女子，您别多想，我也没有多想。"

读者朋友，您觉得渔家女真是心无杂念吗？怕是不尽然的。第二首，"家临九江水，来去九江侧。同是长干人，生小不相识。"九江应该不是现在江西的九江，江西的九江当时叫作江洲，诗歌中的九江应该泛指长江。从男子的唱答我们可以看出，两个人确实同是长干人，确实是老乡。小伙子非常质朴，最后一句"生小不相识"，这句话是大白话、大实话，也表达出了一个意思，相见恨晚，是不是这样？可惜两个人从小不认识，错过了青梅竹马的机会。

黄鹤楼

崔　颢

昔人已乘黄鹤去，此地空余黄鹤楼。
黄鹤一去不复返，白云千载空悠悠。
晴川历历汉阳树，芳草萋萋鹦鹉洲。
日暮乡关何处是？烟波江上使人愁。

【诗题/词牌】

《黄鹤楼》是唐代诗人崔颢创作的一首七言律诗，被选入《唐诗三百首》，严羽在《沧浪诗话》中这样评说，"唐人七言律诗当以崔颢《黄鹤楼》为第一"。想想唐诗之盛，崔颢能在七律中力拔头筹，绝对是好诗，然而您看这首诗其实和七律的规范很不符合，前四句没有遵守格律的要求，更过分的是前三句每句一个"黄鹤"，重复不是诗歌的大忌吗？不过这让我想起了《红楼梦》里林黛玉对香菱学诗的指点，"若是果有了奇句，连平仄虚实不对都使得的"。崔颢的《黄鹤楼》这首诗在当时就很有名。传说李白登黄鹤楼，有人请诗仙题诗，李白留下了一首打油诗，就此搁笔。打油诗的后两句是"眼前有景道不得，崔颢题诗在上头。"李白也写过与黄鹤楼有关的诗，一首是《黄鹤楼送孟浩然之广陵》，一首是《黄鹤楼闻笛》。不过李白确实没有直接写黄鹤楼的诗，他确实非常非常推崇崔颢的这首诗。

后来李白写过一首诗《鹦鹉洲》。前四句是："鹦鹉来过吴江水，江上洲传鹦鹉名。鹦鹉西飞陇山去，芳洲之树何青青。"也是一句一个"鹦鹉"，一共三个"鹦鹉"，这是大师对崔颢的致敬之作啊。

【赏析】

崔颢的《黄鹤楼》描写了在黄鹤楼上远眺的美好景色，是一首吊古怀乡之佳作，前四句写登凌怀古，后四句写站在黄鹤楼上的所见所思，诗虽不谐律，信手而就，一气呵成，却成为了历代所推崇的珍品。

先说说黄鹤楼名字的由来，传说仙人子安曾乘黄鹤在此停留；还有传说说三国时的费祎，登仙驾鹤于此，总之是因为有人曾经乘鹤光临而命名。前四句围绕楼的得名写起，写此地空有此楼，人和鹤俱已远去。黄鹤一去不复返，只留下悠悠的白云，充满了对黄鹤楼变迁的百般感慨。这四句用了散文的写法，一气呵成，没有遵守格律的要求，连用了三次黄鹤，但没有丝毫呆滞的感觉。后四句即景生情，写在楼上北望的见闻，他的写作顺序是由远到近，先写远处江北历历的汉阳树，接着写进入眼帘的鹦鹉洲头的萋萋芳草，最后写楼下近处大江上的烟波。但日暮的雾阻隔了回乡路，使他不禁顿生愁绪。和前半部分不同，这四句又严格遵循起了格律，若断实连，气韵一体，尤其是结尾，不仅收束有力，且给人缥缈、苍茫之感。

别董大（其一）

高 适

千里黄云白日曛，
北风吹雁雪纷纷。
莫愁前路无知己，
天下谁人不识君？

【作者】

高适，字达夫，唐代诗人，官至散骑常侍，所以他的诗集叫作《高常侍集》，常侍是一个官职。高适是盛唐边塞诗派的著名诗人，与岑参齐名，并称"高岑"。

【诗题/词牌】

诗题《别董大》的董大叫作董庭兰，是当时有名的乐师，现在可以算是音乐家。董庭兰在其兄弟中排行第一，故称董大。在唐人赠别诗篇中，那些凄清缠绵、依怀流连的作品固然感人至深，但另外一种慷慨悲歌、发自肺腑的诗作却又以情谊真诚、信念坚定为坝桥柳色与渭城风雨涂上了另一种豪放、健美的色彩。

【赏析】

诗歌第一、二句"千里黄云白日曛，北风吹雁雪纷纷。"这是对当时的自然环境的描写。第一句描写的是黄土高原上的一种奇特风光，黄沙肆虐，遮天蔽日，只能看见一点点日光。第二句交代分别之时的季节和天气。入夜之后，北风呼啸，飘起了纷纷扬扬的雪花，耳边又不时传来阵阵的鸿雁的哀鸣，令人顿生一种悲凉的感觉。接下来诗风一转"莫愁前路无知己，天下谁人不识君？"这两句可是宽慰、勉励他人的经典诗句。我记得自己初中毕业时给同学写毕业纪念册，就摘录过这句话。高适的这首送别诗别开生面，诗人劝当时不得志的董庭兰不要气馁，只要有才能就能得到社会的承认，在未来的人生道路上就会遇到知己。用今天的话讲就是"金子放在哪里都会发光"。创作这首诗的时候，据说高适自己也是处于无钱买酒的窘况，但他在诗歌中没有流露出悲郁的情绪，相反，倒有一种豪迈、开阔的胸襟。所以说最后两句好像是围绕董大而写，实际上诗意更大。

绝句二首（其一）

杜　甫

迟日江山丽，

春风花草香。

泥融飞燕子，

沙暖睡鸳鸯。

【作者】

杜甫，字子美，自号少陵野老，世称杜少陵，杜甫生活在唐朝由盛转衰的历史时期，其诗多涉笔社会动荡、政治黑暗、人民疾苦，被誉为诗史。其人忧国忧民，人格高尚，被奉为诗圣。杜甫是唐代最伟大的现实主义诗人，与李白并称"大李杜"，存诗一千四百多首，有《杜工部集》传世。

【小知识】

叶嘉莹先生选的杜甫诗歌前三首都是绝句，其中我们最熟悉的是七言绝句，就是"两个黄鹂鸣翠柳"的那首。其实第一、二首的五言绝句也是脍炙人口的名篇，上海小学生语文课本里都选录了。

绝句，别名截句、断句、短句，四句一首，短小精悍，起源于南朝的齐梁时代，到唐朝流行起来。绝句是诗歌的一种形式，也是诗歌的题目，比如咱们诗选里选的杜甫的前三首诗，光看题目，我们往往不知道内容是什么。绝句的特点是以小见大，写一个景、一个物，记录一瞬间的感受，总之就是在短章中蕴含丰富的内容。由于五言绝句全诗只有二十个字，所以想要用它表达一个完整的意境是非常难的。与七言绝句相比，五绝的名篇就少得多，不过杜甫的《绝句二首》都是佳作。

【赏析】

"迟日江山丽，""迟日"出自《诗经》的"春日迟迟"：春天天气变暖了，日照时间长了，叫做迟日。后来迟日就代指春天，春天来了，江山沐浴着春光多么秀丽。"春风花草香。"春风送来花草的芳香。"泥融飞燕子，"春天到了，泥土融化了，燕子就把泥土衔去做巢。"沙暖睡鸳鸯。"美丽的鸳鸯栖息在沙滩上，晒太阳。这首绝句抓住景物的特点写春色，画面优美柔和，很能引发读者的喜春之情。我自己就特别喜欢这首绝句的后两句，动静结合，特别有一种春光旖旎的意境。

绝句二首（其二）

杜　甫

江碧鸟逾白，
山青花欲燃。
今春看又过，
何日是归年？

【赏析】

　　第一句最后一个字"白"要念入声，"今春看又过"的"看"字要念平声（kān）。关于这首诗我先出个题目考考大家："诗中有画，画中有诗"这句话是称赞哪一位唐代诗人的？"不要以为今天我们大家在读杜诗就是赞美杜甫的，其实这是苏轼称赞王维的话。苏轼是这样评论王维的作品："味摩诘之诗，诗中有画，观摩诘之画，画中有诗。"其实不独有王维，了不起的诗人都有以诗为画的本领，杜甫的《绝句二首》就是范例，而且尤其是第二首的前两句。"江碧鸟逾白，山青花欲燃。"这是一幅风景画，漫江碧波荡漾，显露出白翎的水鸟。漫山青翠欲滴，遍布的鲜花红艳无比，简直就像燃烧的旺火，十分灿烂。以江碧衬鸟翎的白，碧白相映生辉，以山青衬花朵的红，青红相映成趣。"江碧鸟逾白"的一个"逾"字表达水鸟借江水的碧色衬底，而欲显其翎毛之白，而"山青花欲燃"的"欲"字则在拟人中赋花朵以动态。两句诗描写了江、山、花、鸟四景，并分别赋予碧绿、青葱、火红、洁白四色，景象清新，色彩艳丽，令人赏心悦目。可是诗人旨意却不在此，紧接下去，笔路斗转，慨而叹之。"今春看又过，何日是归年？"句中的"看又过"三个字直点写诗的时节，是春末夏初，景色不可谓不美，然而可惜岁月荏苒，归期遥遥，非但引不起游玩的兴致，却反而勾起了漂泊的感伤。

绝句四首（其一）

杜　甫

两个黄鹂鸣翠柳，
一行白鹭上青天。
窗含西岭千秋雪，
门泊东吴万里船。

【赏析】

　　朗读的时候，"千秋雪"的"雪"字要读入声，如果比较讲究，"一行白鹭"的"白"字也要读入声。这首诗是公元764年，杜甫在成都草堂居住时所作。两年前蜀地内乱，杜甫曾迁出成都暂避，第二年安史之乱平定。随后一年，杜甫重新搬入成都草堂，拟客居此终老，此时的杜甫心情不错，受生机勃勃的景象所感染，写下了四首即景小诗，诗人心之所至，命题为《绝句四首》，本诗排于第三。

　　"两个黄鹂鸣翠柳，一行白鹭上青天。"这是第一组对仗句，两个黄鹂在鸣叫，这就有了声音；一行白鹭在青天上自由飞翔，这就有了动作，还有四种颜色：黄鹂的黄、翠柳的翠、白鹭的白、青天的青。这幅有声有色的春景图描绘出一个明媚的春天，让人感受到诗人心中的愉快。第二组对仗句"窗含西岭千秋雪，门泊东吴万里船。"透过窗户向外望去，依稀能看见岷山之上的皑皑白雪以及家门之前停泊着的即将前往江南的大船，万里船能够通行也说明安史之乱已经平定，交通恢复，做生意的人可以在这条江上来来往往。"万里船"是跟"千秋雪"的呼应，空间很广，时间也很久远。诗人虽在草堂，但思绪却连接着千年的历史长河，放眼于万里之外的地方，这胸襟是多么开阔。因为我自己是学英语语言文学的，杜甫的这两句让我想起莎士比亚笔下的哈姆雷特，"身虽囿核桃，心为无限王。"

江畔独步寻花（其六）

杜　甫

黄四娘家花满蹊，
千朵万朵压枝低。
留连戏蝶时时舞，
自在娇莺恰恰啼。

【赏析】

　　第二句第五个字"压"要念入声。上元元年也就是公元760年春，在朋友的资助下，杜甫在成都建成了自己的栖身之所成都草堂，生活的安定让他备感欣慰，上元二年杜甫独自来到附近的浣花溪畔散步，把所看到的景色写成了七首诗，题目就是《江畔独步寻花》。今天我们学习的这一首就是其中的第六首，如果有机会我们把七首诗都读一下，或许能感到一位老人对春天、对自然美景的赞美和留恋。"黄四娘家花满蹊，千朵万朵压枝低。"黄四娘是杜甫的邻居，黄四娘家旁边的小路上鲜花盛开，好像有千朵万朵，把枝条都压低了。"留连戏蝶时时舞，自在娇莺恰恰啼。"这是一组对仗句，追逐嬉戏的彩蝶留恋地翩翩飞舞，自由盘旋的黄莺叫声清丽悠扬。全诗语言对仗工整，兼有韵味，是盛唐绝句中的佳作。

【小知识】

　　我们在说杜诗的时候经常提到对仗，那么什么是对仗呢？简单说来，对仗就是诗歌中格律的一种表现形式。首先字数要相等，这是必需的，其次结构意义要相同，动词对动词，名词对名词。最后要看平仄，平仄是声调的对应，当然古代汉语发音同现代汉语是不一样的。大家都知道"语不惊人死不休"的杜甫，他的律诗最工整，最严谨，其实他的绝句对仗使用也很多。对仗是诗词对联创作时运用的一种特殊表现方式，要求字数、词性、结构、平仄相对；对偶则不限于诗词对联，是一种修辞格，对平仄也没有要求。

江南逢李龟年

杜　甫

岐王宅里寻常见，
崔九堂前几度闻。
正是江南好风景，
落花时节又逢君。

【赏析】

　　朗读的时候最后一句落花时节的"节"要读入声。

　　"岐王宅里寻常见，崔九堂前几度闻。"这头两句貌似平常，其实分量很重，岐王是唐玄宗的弟弟，受封岐王；崔九是唐玄宗的宠臣，在家里排行第九，所以叫崔九。这两位不仅仅是皇亲国戚、达官贵人，还是文化界的领军人物，是艺术家的知音和保护人，有点像文艺复兴时代意大利的美第奇家族。崔九和岐王是头两句里第一组有分量的词，第二组有分量的词就是"寻常见"和"几度闻"，当年的歌王李龟年和青年才俊杜甫在岐王宅邸、崔九堂前互相见到，他们当时有没有当回事呢？大家都没有当回事，以为得到岐王、崔九的赏识、款待是理所应当的事情，这就是纳兰性德在《浣溪沙·谁念西风独自凉》中所写到的，"当时只道是寻常。"杜甫用最平淡的语气，勾勒出了最美好的开元盛世，这个开元盛世，诗人和艺术家都亲身参与过，而且就是盛世的一部分。接着后两句出来了："正是江南好风景，落花时节又逢君。"从追忆一下子回到现实中，现实是什么？现实是杜甫再次见到李龟年已经是大历五年，大历是唐代宗的年号，距离开元盛世已经过去四五十年了，安史之乱都结束八年了。杜甫这个时候已经快六十了，辗转漂泊到了长沙，生活困顿；李龟年也是流落江南，所谓"当时天上清歌，今日沿街鼓板。"不就是个街头艺人嘛。两个白头翁不是在东都洛阳也不是在西京长安相遇，而是在江南重逢。按理说，春天的江南应该是明丽灿烂的，不过这只能反衬出了老艺人、老诗人晚景凄凉，一个"又"字，四十年就划过去了，花也落了，人也老了，盛世也完了，杜甫用短短二十八个字又写出了一首《长恨歌》。

赠花卿

杜　甫

锦城丝管日纷纷，
半入江风半入云。
此曲只应天上有，
人间能得几回闻。

【诗题/词牌】

朗读的时候第四句的"得"要念入声，诗题当中的"花卿"指的是成都尹崔光远的部将，叫作花敬定。

【赏析】

"锦城丝管日纷纷，半入江风半入云。"锦城里的音乐声轻柔悠扬，一半随着江风飘去，一半飘入了云端。"锦城"指的是哪个地方呢？是成都。成都的别称有很多，比较出名的有芙蓉城、蓉城、锦官城、锦城。前面一组主要是因为五代十国时的后蜀国后主孟昶喜欢芙蓉，在成都种了很多芙蓉树，每到秋天满城飞花。后面一组是因为成都出产蜀锦，汉代的朝廷就设置了一个衙门来管理，这个衙门的官叫锦官，成都就叫锦官城或锦城。这句当中的"丝管"是指音乐。下面两句"此曲只应天上有，人间能得几回闻。"这样美妙的乐曲只应该天上有，人间哪里能听见几回呢？"天上"是一个双关语，虚指天宫，实指皇宫。

这首绝句《赠花卿》字面上直白如话，但对于诗的主旨历来争议颇多，有人认为诗人只是赞美乐曲，并无弦外之音；有人则认为，这首诗实际上含着讽刺、劝诫的意味，为什么这么说呢？"花卿"指花敬定，他曾在叛乱中立过战功，之后居功自傲，目无朝廷和王法，并僭用天子音乐。（僭用就是超越了自己的本分，在中国传统的封建社会当中，音乐也有明显的等级划分）。在《旧唐书》中记载，皇帝要用太和乐，王公舒和乐，皇太子承和乐，据此来看，这首诗很可能是诗人在花敬定举办的宴会上闻乐有感而作的。这首诗的最后两句"此曲只应天上有，人间能得几回闻。"表面上是对乐曲的赞美，实际上语带双关：这种音乐本来是在皇宫中听到的，不应该在这里听到，这是杜甫对花敬定的一种嘲讽。

望　岳

杜　甫

岱宗夫如何？齐鲁青未了。
造化钟神秀，阴阳割昏晓。
荡胸生曾云，决眦入归鸟。
会当凌绝顶，一览众山小。

【赏析】

　　朗读的时候，"阴阳割昏晓"的"割"要念入声。

　　这首诗是杜甫现存诗中创作年代最早的一首，可以体会一下年轻时的杜甫和老年悲哀、伤感的杜甫在创作上的不同。年轻的杜甫写的是景物，透出来的是远大的胸襟和抱负，以及对未来理想的期待。东岳泰山因巍峨雄伟闻名海内外，而且泰山还是古代帝王举行祭天仪式的地点，泰山象征国泰民安，被誉为天下第一山，获得了无数文人墨客的赞誉，流传甚广的就是杜甫的这首《望岳》。

　　首联紧扣一个"望"字，"岱宗夫如何？齐鲁青未了。"第一句以设问的形式表达了诗人初见泰山时的兴奋、惊叹和仰慕之情。第二句是以距离之远来烘托泰山之高。泰山南面鲁，北面齐，在齐鲁两国的国境外远远就能望见它，足见其高，"青未了"意思就是苍翠欲滴的颜色绵延无际。

颔联描绘从近处看到的泰山，具体展现了泰山的秀丽之色和巍峨之态。"造化钟神秀"是说大自然好像对泰山特别情有独钟，一个"钟"字将大自然拟人化，写得格外有情。"阴阳割昏晓"讲的是泰山的高度，阴面和阳面判若晨昏，其中"割"字用得很巧妙，形象地刻画出泰山雄奇险峻的特点。颈联"荡胸生曾云，决眦入归鸟。"只见山中云雾弥漫，令人心怀激荡，由归鸟投林可知时至薄暮，而诗人还在入神地眺望。"决眦"就是极目远眺的意思。尾联"会当凌绝顶，一览众山小。"这是名句，写望泰山时的感受，这两句诗抒发了诗人不畏困难、敢于攀登绝顶的雄心壮志，表现出一种昂扬向上、积极进取的精神。全诗围绕一个"望"字，将泰山的雄伟、高峻与诗人昂扬豪迈的气概融为一体。

房兵曹胡马

杜　甫

胡马大宛名，锋棱瘦骨成。
竹批双耳峻，风入四蹄轻。
所向无空阔，真堪托死生。
骁腾有如此，万里可横行。

【诗题／词牌】

这首诗的诗题，断句是这样的："房／兵曹／胡马"。一位姓房的兵曹得到了一匹西域的好马，兵曹是唐代州府中掌管军房的小官。杜甫本来就擅于骑马，也很爱马，写过不少的咏马诗。

【赏析】

这首诗作于唐玄宗开元二十八年或二十九，当时杜甫还不到三十岁，人在洛阳，正值诗人漫游齐赵、飞鹰走狗、裘马轻狂的青年时代，所以诗中隐隐的英气扑面而来。诗分前后两个部分，前面四句正面写马，是实写，"胡马大宛名，锋棱瘦骨成。竹批双耳峻，风入四蹄轻。"房兵曹的这匹马是产自大宛国的名马，它那精瘦的筋骨像刀锋一样突出分明，它的双耳如斜削的竹片一样尖锐，跑起来四蹄生风，好像蹄不着地的样子。大宛是汉代的西域国名，现在乌兹别克斯坦境内，盛产良马，也就是我们通俗所说的汗血宝马。大宛名就是著名的大燕马，"竹批"形容马的耳朵尖得像竹尖一样，双耳尖锐是良马的一种特征。诗的前四句写马的外部形态，后四句转写马的品格，由咏物转入了抒情。"所向无空阔，真堪托死生。骁腾有如此，万里可横行。"这马奔驰起来从不以道路的空阔辽远而为难，骑着它完全可以放心，大胆地驰骋沙场，甚至可以托与生死。拥有如此奔腾快捷、堪托死生的良马，真可以横行万里之外，为国立功啊。所以古人说"骥不称其力，称其德也。"也就是良马，不仅仅是称赞它的脚力，还要称赞它的品格。结合当时的时代背景看，盛唐时代国力强盛，疆土开拓，激发了民众的豪情，连书生寒士都望建功立业，封侯万里。这种蓬勃向上的精神用骏马来表现再合适不过了，这和后期杜甫通过对病马的悲鸣来表现忧国之情不可同日而语。

春日忆李白

杜 甫

白也诗无敌，飘然思不群。
清新庾开府，俊逸鲍参军。
渭北春天树，江东日暮云。
何时一樽酒，重与细论文。

【赏析】

诵读的时候第一句最后一个字"敌"要念入声，最后一句中的"论"，"讨论"的意思，要念 lún 而不是 lùn。

李白和杜甫是盛唐最伟大的两位诗人，他们之间的关系怎么样呢？这可能是我们这些吃瓜群众比较感兴趣的话题。这首《春日忆李白》，或许能够帮助我们了解李杜的情谊。李白和杜甫基本生活在同一个时代，不仅是相遇几次，而且曾经一起游历了一些地方，留下了"醉眠秋共被，携手日同行"的诗句。据叶嘉莹先生说，她在讲解这两句诗的时候，西方的听众不太理解，既然不是同性恋，为啥两个男生要睡一个被窝"秋共被"呢？看来是文化的差异啊。

"白也诗无敌，飘然思不群。清新庾开府，俊逸鲍参军。"开头的四句一气呵成，都是对李白诗才的热烈赞美。首句称赞他的诗，冠绝当代；第二句是对上一句的说明，是说他之所以"诗无敌"就在于他的"思不群"。首联的"也""然"两个语气助词，既加强了赞美的语气又加重了"诗无敌"，"思不群"的分量。李白的诗作既有庾信诗作的清新之气，也有鲍照作品那种俊逸之风。这里杜甫把李白的诗才和南北朝时期的两位文学家做了一个比较，"庾开府"指庾信，官至开府仪同三司，世称庾开府。"鲍参军"指的是鲍照，官至前军参军，世称鲍参军。在古诗文中，称呼一个人经常把他的姓和官职放在一起，比如说我们会看到李白是李翰林，说杜甫是杜工部。"渭北春天树，江东日暮云。何时一樽酒，重与细论文。"如今我在渭北独对着春日大树，而你在江东远望那日暮薄云，天各一方，只能遥相思念，我们什么时候才能同桌饮酒，再次仔细地探讨我们的诗篇呢？"渭北"指杜甫所在的长安一带，"江东"指李白所在的江浙一带，杜甫这是在做一个设想：当我在渭北思念李白的时候，李白一定也在翘首北望，只能望见依依春树，而诗人遥望蓝天唯见暮云低回。这两句看似平淡的写景，实则每个字都千锤百炼，含义极其丰富。我们细想一下，杜甫和李白不就像一棵扎根泥土的大树和一朵飘飘高举的飞云吗！一句春树暮云，活脱脱地画出了两位诗人的形象，两个人背后的情分也不言而喻了，现在春树暮云已经演变成了成语，表达对远方朋友的思念。既然如此推崇李白，又如此思念李白，这就引出了尾联的热切希望：什么时候才能再次欢聚，再像过去那样，把酒论诗。这是杜甫的愿望，可是历史并不尽如人意啊，据考证，李杜相会一共三次，第一次是天宝三年的夏天在洛阳，第二次是同年的秋天在梁宋，第三次是天宝四年在东鲁。《春日忆李白》写于天宝六年，也就是说东鲁之会后再也没聚首。

这里再八卦一下李杜之间的关系，很多人认为杜甫对李白情深，李白对杜甫情浅，为什么这么说呢？杜甫为李白写了十四五首诗，篇篇佳作，李白写给杜甫的，包括存疑的总共才四首，水准一般。但是请大家不要忘记，他们两个人的年龄差异，李白比杜甫大了十一二岁，是杜甫的前辈。后辈纪念前辈当然会写得多一些，而且杜甫遇见李白的时候，李白已经名满天下，杜甫则是考场失意，所以杜甫非常非常崇拜李白。另外，两个人的性格也不一样，李白是诗仙，个性非常张扬，在他的眼睛里除了思慕仙人，那就是他自己。杜甫是诗圣，圣人也是人，比普通人的情怀更加深沉博大，所以他对李白的深情也是不言而喻的。

除　架

杜　甫

束薪已零落，瓠叶转萧疏。
幸结白花了，宁辞青蔓除。
秋虫声不去，暮雀意何如。
寒事今牢落，人生亦有初。

【赏析】

首先我想说叶嘉莹先生的选诗和别人是不一样的，比如《房兵曹胡马》《除架》都是别的诗词普及本里不大选入的，可以说一般人并不熟悉，但是这两首诗读来很有意趣，而且都是微言大义的佳作。《除架》讲的就是种好瓜、种好豆之后拆除豆篷瓜架的事情。杜甫晚年也没有官职，自己种瓜种菜，写了一首除架有感。

"束薪已零落，瓠叶转萧疏。"到了秋天瓠瓜成熟了，瓠叶已经萧萧肃肃，架子已经零落，到了该拆除的时候了，"束薪"就是捆在一起的木棍，就是指瓜架。"幸结白花了，宁辞青蔓除。"纵观瓠瓜的一生它还是比较幸运的，开过了白花，结过了果实，也就不能避免现在这些青蔓要被剪除了，该完成都已经完成了，现在可以离开了。"秋虫声不去，暮雀意何如。"瓜架虽然拆除了，但是瓜架底下的秋虫还在发出各种声音，晚上前来栖息的麻雀也没有了落脚的地方，秋虫声声萦绕耳畔，暮雀哀鸣情深意长。"寒事今牢落，人生亦有初。"天冷了，一切都该结束了，春生夏长，秋收冬藏了，瓠瓜也是如此，那么人呢？人的一生是不是也是这样，你原来有过的愿望和理想都实现了吗？

　　这首五言律诗前面四句记事，后四句寓言，尤其是最后两句很发人警醒，人年轻的时候都有一颗奋发向上的心，想要做一番事业，到了老年我们需要问问自己，这一生你尽到自己的责任，做到问心无悔、问心无愧了吗？这大概是杜甫一生不甘无所事事的自述吧。

春夜喜雨

杜　甫

好雨知时节，当春乃发生。
随风潜入夜，润物细无声。
野径云俱黑，江船火独明。
晓看红湿处，花重锦官城。

【赏析】

　　"知时节"的"节"，"乃发生"的"发"，"云俱黑"的"黑"，"火独明"的"独"，"红湿处"的"湿"，都要念入声。有些初次听《雍和生活》节目的朋友会说，有没有必要这么较真地诵读呢？我个人是这样理解的：一般情况下，在孩子们的语文课上，我们按照普通话来朗读完全没有问题，但是古诗词本身有声律的美感。我既然采用叶嘉莹先生的诗选就尽量按照她的建议，按照当时的格律、平仄要求来诵读。

　　"好雨知时节，当春乃发生。"题目中的这个"喜"字，从首联就透出来了，诗人满心的欢喜，这场春雨就好像知晓时节似的，如期而至，催发万物的生机，诗人用了拟人的手法赋予春雨以人的灵性。"随风潜入夜，润物细无声。"春雨是伴随着春风在夜晚悄然而至的，滋润万物却无声无息。颔联两句简直不是在讲春雨，而是在讲君子，春雨完全可以大张旗鼓地在白天到来，迎接人们期待的掌声和鲜花。但是这场春雨是君子之雨，潜入夜、细无声的品质就是中国人喜欢的人格，谦谦君子温润如玉，内敛而不张扬，这也正是杜甫的品格。"野径云俱黑，江船火独明。"诗人看看门外，田野的小路也看不清，因为天太黑，云层很厚，只有渔火在江中闪烁，这既是写夜景也是写雨势，雨下得透，下得密。"晓看红湿处，花重锦官城。"尾联是作者的想象，等到明天一早起来再去看那些春雨催开的红花，一定是娇艳欲滴，早已开满了成都城。在学习杜甫的《赠花卿》时，我们学习过锦官城是成都的别称，因为成都自古出产蜀锦，政府设了管理蜀锦的官职叫锦官，所以这座城市就叫锦城或者锦官城。

杜甫在《赠花卿》里也用过"锦城丝管日纷纷"，锦官城用在这一句——"花重锦官城"里，特别合适，"花"和"锦"的搭配给人感觉花团锦簇，鲜花着锦，不是一般的富贵和烂漫。都是写春雨，北方的春雨，江南的春雨和蜀中的春雨是不一样的，韩愈写北方的春雨，那是"天街小雨润如酥，草色遥看近却无。"志南写江南的春雨，那是"沾衣欲湿杏花雨，吹面不寒杨柳风。"杜甫的成都平原的春雨，那是"随风潜入夜，润物细无声。"各位读者，您更钟情哪里的春雨呢？

春　望

杜　甫

国破山河在，城春草木深。
感时花溅泪，恨别鸟惊心。
烽火连三月，家书抵万金。
白头搔更短，浑欲不胜簪。

【赏析】

在诵读的时候"国破"的"国","恨别"的"别","白头"的"白",要念入声。

天宝十四年,安禄山起兵叛唐,第二年六月叛军攻陷潼关,唐玄宗逃亡四川,七月太子李亨即位,世称肃宗,改年号至德。杜甫闻讯,即刻将家属安顿在鄜州,只身一人投奔肃宗,结果不幸在途中被叛军虏获,后因官职卑微才未被囚禁。至德二年春,身处沦陷区的杜甫目睹了长安城一片萧条、零落的景象,百感交集,便写下了这首传颂千古的名作。

"国破山河在,城春草木深。感时花溅泪,恨别鸟惊心。"这前两联描写的是诗人在长安看到的悲凉景象,借景抒情,情景交融,尤其是"感时花溅泪,恨别鸟惊心"这两句,更是被人们广为传颂。首联用了一个"破"字,形象地写出了大好山河被战争损坏的程度,"草木深"写出了土地荒芜的败落景象。颔联是说花鸟本来供人们消遣娱乐,但是在人们心中感伤的时候见到花鸟反而感觉花也溅泪,鸟也惊心,心情变得更坏。在这两联里诗人的视线由远及近,感情由隐而现,由弱而强。"烽火连三月,家书抵万金。"颈联写出了在战乱中人们久盼音讯而不得的急切心情,很容易引起人们的共鸣。"白头搔更短,浑欲不胜簪。"满头的白发越抓挠越感到短少,稀疏得简直插不住那支发簪。在国破家亡、离乱伤痛之外,诗人又叹息衰老,更添悲凉。这首诗情感沉郁顿挫,含蓄自然,体现了杜诗一贯的风格,是千百年来一直为世人所传颂的名篇。

月　夜

杜　甫

今夜鄜州月,闺中只独看。
遥怜小儿女,未解忆长安。
香雾云鬟湿,清辉玉臂寒。
何时倚虚幌,双照泪痕干。

【赏析】

在诵读的时候"只独看"的"独","云鬟湿"的"湿",要念入声。

今天在具体分析诗歌之前先说说梁启超对杜甫的评价：这是一九二二年梁启超的一次演讲，他说杜工部被后人叫作诗圣，诗人怎么样才算圣？标准很难确定，我们也不必轻易附和，梁启超以为工部最少可以当得起情圣的徽号，因为他的情感内容是极丰富的、极真实的、极深刻的，他表达感情的方法又极熟练，能鞭辟到最深处，中国文学界写情诗没有人比得上他，所以梁启超叫他情圣。蒙曼老师也说唐代大诗人中，杜甫的人情写得最好，他不仅是忧国忧民，而且关注人伦，关注自己周围的人、至亲骨肉、儿女深情。他写妻子有我们今天学习的这首《月夜》；写孩子、写离乱中幼子的夭折，有《奉先咏怀》；写兄弟、写妹妹，有《月夜忆舍弟》《同谷七歌》。我们一起来学习这首《月夜》。

"今夜鄜州月，闺中只独看。"今夜有一轮皎洁的明月，我在长安看明月，妻子一定也在鄜州闺房中独自望月，安史之乱后杜甫携家眷逃难鄜州，把家人安置在羌椿之后，只身投奔刚刚即位的肃宗，想为国效力，不料在途中被叛军所俘，押往长安，所以一家两地，生死未卜。"遥怜小儿女，未解忆长安。"幼小的儿女还不懂得思念远在长安的父亲，更不会替母亲分忧。"香雾云鬟湿，清辉玉臂寒。"夜深露重，妻子乌云似的、散发着芳香的头发已被露气所湿，月光如水，妻子如玉的臂膀应该感到凄寒。"何时倚虚幌，双照泪痕干。"什么时候才能和妻子一起倚着窗帷仰望明月，让月光照干我们彼此的泪痕。这首诗以《月夜》为题，语浅情深，书写了夫妻思念的至情，诗人不直接写自己怎么思念家人却是借助想象，说妻子在月夜思念自己，所以说与同类型题材的诗篇相比，杜甫的表现技巧更胜一筹。

旅夜书怀

杜 甫

细草微风岸，危墙独夜舟。

星垂平野阔，月涌大江流。

名岂文章著，官应老病休。

飘飘何所似，天地一沙鸥。

【赏析】

诗的前半部分描写旅夜的情景。第一、二句"细草微风岸，危樯独夜舟。"写静景，微风吹拂着江岸上的细草，竖着高高樯杆的小船在月夜孤独地停泊着。第三、四句"星垂平野阔，月涌大江流。"写远景，明星低垂，平野开阔，月随波涌，大江东流。当时杜甫离开成都是迫于无奈，这年的正月他辞去了节度使参谋职务，四月他的好朋友严武去世，在这种凄孤无依的境地之下，杜甫决定离蜀东下。一切景语皆情语，这四句不是空泛地写景，而是喻情于景，诗人写辽阔的原野、浩荡的大江、灿烂的星月正是为了反衬出他自己孤苦伶仃、颠连无告的凄怆心情。诗的后半部分是抒怀，"名岂文章著，官应老病休。"这第五、六句意思是，有了一点点名声，哪里是因为我的文章好呢，做官倒应该因为年老多病退休。这两句都是反话，诗人素有远大的政治抱负，但长期被压抑而不能施展，因此声名文章不是因为写得好而著名，这实在不是他的心愿，杜甫此时确实是借老忧病，但他的休官却主要不是因为老和病，而是因为被排挤。"飘飘何所似，天地一沙鸥。"最后两句说飘然一身，像个什么呢？不过像广阔的天地间的一只沙鸥罢了，诗人寄景自况，以书悲怀，真是一字一泪感人至深。

【小知识】

最后和大家说说古诗词当中鸥鸟的意象：我自己以前有这样的误解，海鸥、鸥鸟多半出现在海上或者海边，而古代的诗人多半都在内陆活动，应该不经常见到鸥鸟。实际上古诗词中鸥鸟的意象还是很多的，最早的大概出自《列子·皇帝篇》：有人住在海边与鸥鸟相亲相栖，这个人的父亲知道了，要他把鸥鸟捉回来，他再去海边，海鸥便不再亲近他了。海鸥本来是容易与人亲近的，但是却因为人的心术不正而破坏了与海鸥的关系。古诗词中写海鸥、鸥鸟、白鸥往往写的是和谐自然的生活状态，或者是淡泊寡欲的隐世生活。而在这篇《旅夜书怀》当中的沙鸥也是这样的意象。我们再列举几位唐代大诗人笔下的鸥鸟，王维在《积雨辋川庄作》当中写道："野老与人争席罢，海鸥何事更相疑。"李白在《江上吟》中这样说："仙人有待乘黄鹤，海客无心随白鸥。"在诗词当中比较喜欢用鸥鸟这种意象的大概是杜甫，我们又找到了他的另外两首诗，在《客至》中杜甫这样写道："舍南舍北皆春水，但见群鸥日日来。"还有《江春》："自去自来梁上燕，相亲相近水中鸥。"

月夜忆舍弟

杜　甫

戍鼓断人行，边秋一雁声。

露从今夜白，月是故乡明。

有弟皆分散，无家问死生。

寄书长不达，况乃未休兵。

【诗题/词牌】

古诗中怀亲思友的主题屡见不鲜，但是把夫妻情、手足情写得最深沉的要算杜甫。我们前面学过《月夜》，杜甫写中年的妻子——"香雾云鬟湿，清辉玉臂寒"，多么深情。这一次我们来学习杜甫的另一首名篇，写对兄弟的思念和牵挂——《月夜忆舍弟》。诗题中的"舍弟"是对自己弟弟的谦称。这首诗是公元 759 年杜甫在秦州所作，这年的九月安史之乱爆发，安禄山、史思明从范阳引兵南下，攻陷汴州，西进洛阳。山东、河南都处于战乱之中。当时，杜甫的几个弟弟正分散在这一带，由于战事阻隔，音信不通，引起他强烈的忧虑和思念。

【赏析】

"戍鼓断人行，边秋一雁声。"戍，驻防。戍鼓，戍楼上的更鼓。边秋，边塞的秋天。戍楼上更鼓咚咚响，宣告一天宵禁的态势，道路上行人稀少，边城荒芜秋风凉，只听见孤雁哀鸣，这首联好像只是渲染气氛，其实是为忆舍弟已经埋下伏笔。为什么这么说呢？古人常用"雁行"或者"雁序"代指兄弟，现在看到大雁离群孤飞，怎么不引发诗人兄弟分散、漂泊无依的感伤呢？这就是伏笔。接下来看颔联："露从今夜白，月是故乡明。"这一天正好是二十四节气的白露，大家仔细想想杜甫的这两句诗写得好没有道理。古人是以四时配五行，秋天属金，而金色白，所以秋天的露水称为白露，也就是说白露是秋天露水的代称，并不意味着秋天的露水就一定是白色的，更不能说露水从白露那一天开始变成白色，真是谈不上"露从今夜白"。第二句就更无理了，张九龄曾经写过："海上生明月，天涯共此时。"普天之下看到的是同一轮明月，哪里可能故乡的明月更明亮呢？"月是故乡明"是不是没有道理？不过，要是这样去读诗就坏了，这里不是写景、写理，是写情，是写诗人眼里的白露和明月。伤心人看见白露自然觉得白晃晃地很刺眼，看见明月自然想起故乡家人团圆时的明月。另外，这两句在炼句上也很见功力，他要说的不过是今夜是白露，故乡月更明，只是将词序这么一换，语气便分外矫健、有力。"有弟皆分散，无家问死生。"弟兄分散，家园无存，互相间都无从得知死生的消息。尾联"寄书长不达，况乃未休兵。"书信久已不能抵达，何况战火还没有停息。

闻官军收河南河北

杜　甫

剑外忽传收蓟北，初闻涕泪满衣裳。
却看妻子愁何在，漫卷诗书喜欲狂。
白日放歌须纵酒，青春作伴好还乡。
即从巴峡穿巫峡，便下襄阳向洛阳。

【诗题/词牌】

我们分享一首还乡的诗歌，在诵读的时候"巴峡""巫峡"的"峡"字要念入声。

杜甫写思乡怀亲,深情隽永,写回家是不是也是这样的绵长、舒缓呢?这首《闻官军收河南河北》被称为杜甫生平第一快诗。我想快诗大概和快歌差不多,节奏应该很明快。这首诗作于唐代宗广德元年的春天,当年正月,叛军首领史思明的儿子史朝义自杀,长达八年的安史之乱终于结束。颠沛流离中的杜甫听到这个消息不禁惊喜欲狂,手舞足蹈,写下了这首七言律诗。《闻官军收河南河北》这个诗题里的"闻"是听闻,"官军"就是政府军,收复了黄河以南及黄河以北。

【赏析】

首联"剑外忽传收蓟北,初闻涕泪满衣裳。"我在四川忽然听说官军收复河北的消息,刚刚听说喜讯,分外欢喜,泪洒衣衫。"剑外"就是指剑门关以南,这里指四川,"蓟北"泛指唐代幽州、冀州一带,也就是今天河北北部的地区,是安史叛军的根据地。颔联"却看妻子愁何在,漫卷诗书喜欲狂。"回头看妻儿的愁云惨雾顿时消散,我手忙脚乱收拾起诗书,欣喜若狂。古诗文中的"妻子"是指妻子和孩子、子女。当时唐代的书不是线装书,应该还是卷轴装,看的时候像画卷一样展开,看完之后要卷起来,用丝带缠好,诗人既然是狂喜就没办法心平气静的收拾了,胡乱就把书收起来了。为什么要收拾诗书呢?当然是打包回乡。颈联"白日放歌须纵酒,青春作伴好还乡。""白日"是晴朗的日子,"青春"是明媚的春天,五十二岁的杜甫痛饮狂歌,趁着明媚的春光这就要返回故乡。尾联"即从巴峡穿巫峡,便下襄阳向洛阳。"这是杜甫在想象自己的回乡旅程。连续拿四个地名作诗,谁敢这么干?《峨眉山月歌》里有"峨眉山月半轮秋,影入平羌江水流。夜发清溪向三峡,思君不见下渝州。"李白也是四个地名连用,说不尽的风流。杜甫其实更厉害,李白是四个地名分四句,杜甫是四个地名两句诗,多难驾驭,可是杜甫写来多么流畅。从四川到湖北,从湖北到河南,仅用几个动词把它们串在一起,很有画面感。大江放舟,平原走马,真是一首回乡狂想曲。

缚鸡行

杜　甫

小奴缚鸡向市卖，鸡被缚急相喧争。

家中厌鸡食虫蚁，不知鸡卖还遭烹。

虫鸡于人何厚薄，我斥奴人解其缚。

鸡虫得失无了时，注目寒江倚山阁。

【赏析】

叶嘉莹先生在编选杜甫的诗歌时，也是和编选李白的诗歌一样，选了17首，从1400多首杜诗里选其中17首，既要耳熟能详的，又要不落俗套的，和别人选诗不一样，绝非易事。她选取的杜诗从形式上看，从五绝到七绝，从五言律诗到七律，最后选的这首诗像《除架》《房兵曹胡马》一样特别有意趣。我的感觉《缚鸡行》是一首叙事诗，有点丰子恺漫画的意蕴，看看平常，想想有趣。

首联：诗人于偶然之中，看到家中小仆人正在捆鸡，要拿到市上去卖，而鸡被捆得着急，边叫边挣扎，似乎在向人提出抗议。"相喧争"三字，将鸡人格化，使缚鸡这个细节充满了生动活泼的生活情趣。

额联：诗人一询问，原来是因为家中的人怕鸡吃掉蚂蚁之类的小虫，有伤生灵，所以要卖掉它。然而诗人仔细一想：鸡卖出去不是也要遭受宰杀烹食的厄运吗？

颈联：为什么人对虫子要施以厚恩，而对鸡却要报以刻薄呢？诗人对此似有所悟，立即命令仆人解缚放鸡。

尾联：然而诗人再仔细想想，放了鸡，虫蚁不是又要遭受灾难了吗？反复想来，实在没有万全之策，于是只好倚靠在山阁上，注视着寒冷的江面。

杜诗语言的基本风格，是千锤百炼而严整精工，我们学习的很多杜诗都是这种风格，但今天这首《缚鸡行》语言却特别平朴自然，采用散文化的句法，好像在讲一个小故事，然而如果读者往深里想，这又是一首哲理诗，所以金圣叹评说：这首《缚鸡行》全是先生"借鸡说法"。

赋新月

缪氏子

初月如弓未上弦，
分明挂在碧霄边。
时人莫道蛾眉小，
三五团圆照满天。

【作者】

关于诗人的名字，"缪氏子"意思是一个姓缪的孩子。据说，他从小聪慧能文，七岁就以神童召试。所谓召试，指的是皇帝召来面试，当时就作了一首《赋新月》，很得唐玄宗的赞赏。后来缪氏子并没有成名成家，所以生平不详。

【赏析】

新月如弯弓还没有到半个圆，却分明在天边斜挂着。人们不要小看它只像弯弯的眉毛，等到十五夜，它会团圆完满，光照天下。

关于这首诗，有人认为这是诗人从小就有大志的表现：别看我现在年纪小，长大了可要做光照天下的大事业。也有的人认为这首诗只是描写了月相的变化。其实我看缪氏子小朋友写的诗，本来就很好，澄明笃实，何必一定要上纲上线，非要说他小小年纪就有了经世济民的抱负呢？

【小知识】

因为诗歌中有新月、蛾眉月的说法，所以关于月相的变化，我也做了些科普工作，月相依次为新月（初一）→蛾眉月→上弦月（初七、初八）→渐盈凸月→满月（十五）→渐亏凸月→下弦月（二十二、二十三）→残月→新月。

逢入京使

岑 参

故园东望路漫漫，
双袖龙钟泪不干。
马上相逢无纸笔，
凭君传语报平安。

【作者】

盛唐时代，是边塞诗空前繁荣的时代，出现了以高适、岑参为代表的边塞诗派，高适和岑参合称"高岑"。《逢入京使》是唐代诗人岑参创作的名篇之一。

这首诗大致写于天宝八年，当时，岑参担任安西四镇节度使高仙芝幕府书记，岑参告别了在长安的妻子。初次出塞，不知西出阳关之后多久，诗人遇到了进京的使者，互相问候后，获悉使者要进京述职，诗人立即想到请对方帮自己带一封家信回去。这首《逢入京使》，包含着诗人两大情怀，浓浓思乡之情与渴望功名之情，一亲情一豪情，交织相融，真挚自然。

【赏析】

"故园东望路漫漫，双袖龙钟泪不干。""故园"就是长安，诗人在长安的家。"龙钟"即沾湿的意思，描写涕泪淋漓的样子，在古诗文里龙钟大概有两种意思，第一种是指身体衰老，行动不便，我们有老态龙钟这样的成语；第二种意思是流泪的样子。前两句写诗人思乡。

"马上相逢无纸笔，凭君传语报平安。"这两句写诗人与入京使相遇，但是没有预先备好纸笔，只好请对方带个平安口信，这时我们可以想见诗人的心情是很复杂的，主要是对在长安的家人的无限眷恋，另一方面又怀有"功名只向马上取"的豪情壮志。

寒 食

韩 翃

春城无处不飞花，
寒食东风御柳斜。
日暮汉宫传蜡烛，
轻烟散入五侯家。

【诗题/词牌】

先说说诗题，寒食是我国古代一个传统的节日，一般在冬至后一百零五或一百零六天，清明节的前两天。古人很重视这个节日，按风俗，家家禁火，只能冷食先前做好的饭菜，不开火仓，故名寒食。寒食禁火的风俗，周代就有，民间盛传寒食禁火专为介子推所设。介子推不受晋文公的征召，隐居绵山，晋文公寻不着他，便放火烧山，意图逼其出山，不料介子推竟然抱树不出而被烧死。从此这一天就禁火寒食，逐渐成为全国的风气。

【作者】

韩翃是唐代诗人，河南南阳人，是当时的"大历十才子"之一。他作的这首《寒食》笔法轻巧，写景别致，在当时广为传诵。据说当年唐德宗缺知制诰，就是说缺一个给皇帝写材料的官，需要好文采。德宗就钦点要韩翃，不过当时朝廷有两个韩翃，于是中书省以两人的名字同时呈给皇帝看，德宗就在名字旁边标注了这一句"春城无处不飞花"。这虽是一段佳话，但足见《寒食》这首诗的广泛流传和受到的赏识。

【赏析】

如果说韩翃的这首《寒食》你不太熟悉，但是第一句"春城无处不飞花"应该还是不陌生。这一句用双重否定的句式，写出了整个长安城柳絮飞舞、落红无数的迷人春景。第二句"寒食东风御柳斜"，是写皇宫园林中的风光，

"御柳"就是皇宫御苑里的柳树;"东风"也不仅仅指春风,还有帝王的意象。

"日暮汉宫传蜡烛,轻烟散入五侯家。"前面两句写白天,这两句写夜晚。汉宫指的就是唐朝的皇宫,以汉比唐是唐朝的传统。这两句是说寒食这一天家家都不能生火点灯,但皇宫却例外,天还没黑,宫里就忙着给外面分送蜡烛。当时的风俗是寒食节折柳插门,清明这一天皇帝还要降旨,"以榆柳之火赏赐近臣"。皇宫里的蜡烛会送到谁家,就说明谁是皇帝的近臣、宠臣。到底哪些官员会得到皇帝的恩宠,蜡烛会送到谁的府上呢?"轻烟散入五侯家","五候"这里我觉得不是具指,而是泛指达官贵人。我们可以想象当时的景象,寒食节的夜晚,因为禁火,应该是整个长安城都暗淡下来,但是皇宫里走马传烛,熠熠闪光,而且蜡烛的青烟也袅袅飘散开来。

关于《寒食》这首诗,有人说这不是一首简单的写景颂盛诗,而是一首政治讽刺诗。老百姓禁火,皇帝、大官用蜡烛,诗人对这种腐败的政治现象作出了委婉的讽刺。

枫桥夜泊

张　继

月落乌啼霜满天,
江枫渔火对愁眠。
姑苏城外寒山寺,
夜半钟声到客船。

【作者】

诗人张继,字懿孙,唐代诗人,他的生平不甚可知,流传下来的诗歌不到 50 首。他最著名的诗就是这次我们一起学习的《枫桥夜泊》,如果没有这首流传众口的诗,大概也没有人知道张继,真是所谓人以诗传。

【赏析】

《枫桥夜泊》描写了一个秋天的夜晚，诗人泊船苏州城外的枫桥，表达了诗人旅途中孤寂忧愁的思绪。月亮落下去了，乌鸦不时地啼叫，茫茫夜色中似乎弥漫着满天的霜华。面对江畔隐约的枫树和江中闪烁的渔火，愁绪使我难以入眠。夜半时分，苏州城外的寒山寺凄冷的钟声，悠悠然飘荡到了客船。

【小知识】

这里多说几句，苏州的寒山寺确实是唐代的高僧寒山创建的，寺庙里至今供奉着寒山、拾得的石刻画像和塑像，寒山与拾得两位大师是佛教史上著名的诗僧。寒山寺的碑刻艺术天下闻名，碑廊陈列着历代名人岳飞、唐伯虎、董其昌、康有为等人的诗碑，其中当推晚清俞樾书写张继《枫桥夜泊》的诗碑最为著名。

送灵澈上人

刘长卿

苍苍竹林寺，
杳杳钟声晚。
荷笠带斜阳，
青山独归远。

【作者】

刘长卿，字文房，宣城人，唐代诗人，因官至随州刺史，亦称刘随州。刘长卿工于诗，长于五言。

【赏析】

朗读时"荷笠带斜阳"，"荷"做动词要念 hè，"青山独归远"，"独"念 dù。叶嘉莹先生说，古人用长少表示年岁的长幼，老大叫长卿，年岁小的叫少卿。司马迁就有一篇文章——《报任少卿书》，其中有"人固有一死，或重于泰山，或轻于鸿毛”的名句传世。

叶先生还举了司马相如的例子，司马相如号相如，字长卿，西汉著名的辞赋家，四川成都人。李商隐在《寄蜀客》中写道："君到临邛（qióng）问酒垆，近来还有长卿无。"这两句是说：您到临邛去寻访卓文君当垆卖酒的遗迹，可知道近来是否还有司马相如这样的风流人物呢？

诗题中的"灵澈"为人名，当时著名诗僧。"上人"是对僧人的尊称。"苍苍竹林寺，杳杳钟声晚。"苍苍：深青色，这里指葱茏的树色。杳（yǎo）杳：隐约，深远的样子。从苍翠的竹林寺院中，远远传来深沉的晚钟。"荷笠带斜阳，青山独归远。"荷（hè）：背、负。带斜阳：映照在夕阳中。青山独归：即独归青山。他身背斗笠披着晚霞，独自归向青山。

这首五言绝句一反送别感伤之态，富有清新闲淡的气息，成为中唐山水诗的名篇之一。最后我和大家一起分享一下美国诗人 Witter Bynner（威特·宾纳）翻译的这首诗：

On Parting With The Buddhist Pilgrim Ling Che

Liu Changqing

From the temple，deep in its tender bamboos，

Comes the low sound of an evening bell，

While the hat of a pilgrim carries the sunset，

Farther and farther down the green mountain.

Tr. by Bynner

逢雪宿芙蓉山主人

刘长卿

日暮苍山远，
天寒白屋贫。
柴门闻犬吠，
风雪夜归人。

【诗题/词牌】

诗题《逢雪宿芙蓉山主人》，逢：遇上。宿：投宿、借宿。芙蓉山，这里大约是指湖南某地的芙蓉山；主人，即指留诗人借宿者。诗题大意，遇上下雪，投宿在芙蓉山的一个农家。

【赏析】

"日暮苍山远，天寒白屋贫。"天色已晚，远望苍山，路途遥远，得找个投宿的地方。看见一间茅草屋，天寒地冻的天气里更显清贫。白屋：未加修饰的简陋茅草房，一般指贫苦人家。"柴门闻犬吠，风雪夜归人。"忽然听得柴门狗叫，应是主人风雪夜归。全诗用白描手法，写出寒夜借宿山村的情形，有所见所闻所感，语言朴实无华，具有悠远的意境与无穷的韵味。《大历诗略》里说，这首诗"宜入宋人团扇小景"，就是讲这首诗很适合画在扇面上。

这首20字的五绝因为语言精练，留白巧妙，所以世人对其思想感情的认识是有分歧的。一种意见认为该诗表达了作者对贫寒人家的同情且诗句"风雪夜归人"应解释为主人为谋求生活，在外劳碌奔波，半夜里才回家。而另一种意见认为"风雪夜归人"应解释为诗人自己在风雪之夜终于找到了可以投宿的地方，因此表达了作者对芙蓉山主人的感激之情，同时赞扬主人热情好客、与人方便的美德。还有一种解释是说这首诗不仅是一幅优美的风雪夜归图，还反映了诗人政治生涯的艰辛，诗中写的是严冬，应在诗人遭贬之后。前两句讲自己政治上走投无路，后两句说自己绝望中遇上救星苗丕，得以喘息。我个人觉得，读诗的一个妙处就是可以多层次多视角地去阐释，这就是言简意丰的诗歌的世界。

弹　琴

刘长卿

泠泠七弦上，
静听松风寒。

古调虽自爱，
今人多不弹。

【赏析】

　　七弦古琴弹奏出悠扬起伏的曲调，静静细听就像那滚滚的松涛声。古琴有七根弦，所以七弦就成为琴的代称，"泠泠"形容山泉击石的清越响声，这里是描摹琴声，所以古时上品的琴音用高山流水来形容；"松"是高洁品格的象征，古来就有隐者在山间卧听松声，而松声相较于泠泠的水声，更多了一些凄清与肃杀。琴曲中也有曲调名《风入松》，这里可能也是双关。头两句都是在描摹古乐的音调。

　　后两句讲的是诗人就喜欢古时的曲调，只可惜如今世上不太流行。汉魏六朝多战乱，民族融合，胡乐兴起；到唐朝，音乐变革，燕乐变成主流，主曲演奏也以西域传入的琵琶为主。胡乐是更能表达世俗欢快心声的新乐，受到民众的欢迎，而如松风的古乐曲高和寡，渐渐衰落。

　　这是一首借物言志的诗，借咏古调的冷落，不为人重视，来抒发怀才不遇、世少知音的悲愤心情。我个人觉得刘长卿的诗用字非常考究，初一听觉得有点奇怪，再一想却只能是这个字最合适。这首诗里我觉得特别出彩的一个字是"静听松风寒"的"寒"，听着能感到寒冷，这可不就是通感吗？前面一首《送灵澈上人》里的"杳杳钟声晚"的"晚"也有这种感觉。

江村即事

司空曙

钓罢归来不系船，
江村月落正堪眠。
纵然一夜风吹去，
只在芦花浅水边。

先说说唐朝重要的诗歌流派"大历十才子",我们所知道的卢纶、韩翃就是其中的诗人。大历十才子虽然有十才子的名号,但是并不像《红楼梦》大观园里的姐妹结成诗社,大历十才子并没有共同的组织,只不过生活年代相仿,都是在唐代宗大历年间生活,大家彼此交往,互相唱和,对诗歌有很多共同见解,从外人角度看,十个人有很多共性,所以被称为"大历十才子",相当于魏晋时期的"竹林七贤"。大历十才子都比较擅长诗歌的形式技巧,题材或者是自然山水或者是乡愁旅思,相对于盛唐大家而言,格局不大,立意不高。不过,这十才子每一位都有脍炙人口的名联警句,今天讲到的这首《江村即事》的作者就是十才子之一的司空曙。

【赏析】

"钓罢归来不系船,江村月落正堪眠。"垂钓归来,却懒得把缆绳系上,任渔船随风飘荡,而此时残月已经西沉,正好安然入睡。"纵然一夜风吹去,只在芦花浅水边。"即使夜里起风,小船被风吹走,大不了也只是停搁在芦花滩畔、浅水岸边罢了。

这首诗很适合给小孩子读,没有深刻的道理,就是描写乡村平和安静的生活。

月　夜

刘方平

更深月色半人家,
北斗阑干南斗斜。
今夜偏知春气暖,
虫声新透绿窗纱。

【作者】

诗人刘方平,唐朝河南洛阳人,匈奴族,可见唐朝民族融合的深入,匈奴人也写得一手好诗。刘方平终生未仕，就是一辈子也没有做官。与皇甫冉、元德秀、严武为诗友，工诗，善画山水。

【赏析】

"更深月色半人家，北斗阑干南斗斜。"夜深了，月儿向西落下，院子里只有一半还映照在月光中，横斜的北斗七星和倾斜的南斗六星挂在天际，快要隐落了。

阑干：纵横交错的样子。比如白居易《长恨歌》："玉容寂寞泪阑干，梨花一枝春带雨。"这里的"阑干"就是涕泪横流的意思，后来"阑干"借指北斗。

"今夜偏知春气暖，虫声新透绿窗纱。"就在这夜深人静的时候，忽然感到了春天温暖的气息，你听，冬眠后小虫的叫声，第一次透过绿色纱窗传进了屋里。

诗是抒写大自然物候变化的，清新而有情致。诗的前两句并不新奇，写月夜，月色空明，星斗阑干；后两句却展示出了一个独特的、很少为人写过的境界。写春天的到来，诗人没有写桃红柳绿，而是在气温最低的半夜听虫鸣知春近，几百年后苏轼写下了"春江水暖鸭先知"。

移家别湖上亭

戎　昱

好是春风湖上亭，
柳条藤蔓系离情。
黄莺久住浑相识，
欲别频啼四五声。

【作者】

戎昱，湖北荆州人，是中唐前期的诗人。《移家别湖上亭》是唐代诗人戎昱在搬家时所作的一首七绝。

朗诵时，第四句的"别"字念入声。春风轻拂，湖上亭景色宜人，亭边柳条摇荡藤蔓攀牵，好像满怀离绪别愁。在这里住得久了，黄莺似乎也与我相熟，在这离别时刻，连声啼叫，扣人心弦。

这首诗最值得称道的就是诗人采用的拟人化表现手法。首句先写湖上旧居的春日风光好，后三句赋予柳条藤蔓、黄莺以人的情感，明明是自己对湖上亭的一草一木饱含深情，却让人感觉到是湖上亭的景物在挽留诗人，依依不舍。这首诗言情写景，颇具韵味，诗意虽浅，美不让人。

秋　思

张　籍

洛阳城里见秋风，
欲作家书意万重。
复恐匆匆说不尽，
行人临发又开封。

【作者】

张籍，唐代诗人，祖籍吴郡（今江苏苏州），官至水部员外郎，就是管水利的官员，世称"张水部"。张籍长于乐府诗，与王建齐名，并称"张王乐府"。他是中唐时期新乐府运动的积极支持者和推动者，其作品包括《塞下曲》《征妇怨》《采莲曲》《江南曲》等。另外，值得一提的是张籍是韩愈的弟子，是韩愈引荐张籍进士及第，后来又推荐他出任水部郎中、国子司业。

【赏析】

一年一度的秋风，又吹到了洛阳城中，身居洛阳城内的游子，开始想念故乡和亲人。还是写封信回家，要说的话太多了，不知从何说起。信总算写好了，又担心匆匆中没有把自己想要说的话写完，就在送信人即将出发之际，诗人又拆开信封，仔细地看了好几遍，生怕漏了一言半语。

盛唐绝句，多寓情于景，情景交融，较少叙事成分；到了中唐，叙事成分逐渐增多，日常生活情事往往成为绝句的习见题材，风格也由盛唐的雄浑高华、富于浪漫气息转向写实。张籍这首《秋思》寓情于事，借助日常生活中寄家书时的思想活动和行动细节，非常真切细腻地表达了作客他乡的人对家乡亲人的深切怀念。

叶嘉莹先生的诗选只选了张籍的这一首诗，不过也是非常有代表性的诗作，王安石《题张司业诗》中这样评价张籍的诗歌："看似寻常最奇崛，成如容易却艰辛。"

十五夜望月寄杜郎中

王　建

中庭地白树栖鸦，
冷露无声湿桂花。
今夜月明人尽望，
不知秋思落谁家？

【作者】

王建，唐代诗人，晚年官至陕州司马，所以作品收在《王司马集》。王建擅长乐府诗，与张籍齐名，世称"张王"，或"张王乐府"，两人都是元白新乐府运动的先导。王建的思想就是求取情实，即诗歌为史，为事而作，不能空洞。

【赏析】

这首诗写的是秋天的情思，"思"作名词，要念作 sì。《十五夜望月寄杜郎中》这首诗的诗题就是说八月十五中秋节的晚上，诗人望月思远，写了一首诗赠给好友杜郎中。"中庭地白树栖鸦，冷露无声湿桂花。"庭院中月映地白，树上栖息着鹊鸦，秋露点点，无声无息打湿了院中桂花。第一句没有一个"月"字，却处处都是月色。"中庭地白树栖鸦"的"地白"就是月色，李白在《静夜思》里说，"床前明月光，疑是地上霜。"地上霜就是地白，就是月亮洒下的万里清辉。不仅"地白"说的是月色，"树栖鸦"讲的也是月色，月色明亮才能让人看见树上的鸦雀，明月升空，可能会惊动树上的鸦雀，王维有"月出惊山鸟"、周邦彦也有"月皎惊乌栖不定"这样的词句。第一句写的是中秋夜的颜色与声音，第二句就写了中秋夜的味道，桂花是秋天的代表，宋之问有"桂子月中落，天香云外飘。"这里是"冷露无声湿桂花"，一树香甜的桂花被露水打湿，显得润泽而静谧。

后两句点题了，"今夜月明人尽望，不知秋思落谁家？"今夜明月当空，人人仰望，不知道这秋日情思落在谁家？这是诗人的技巧，他明明在中秋夜思念朋友杜郎中，明明自己是满腹秋思，却要用疑问句，但表达的意思就是月明人尽望，秋思落我家。而且这里的"落"字很有意思，绵绵秋思难道不是人心生出来的吗？怎么好像是从天上落下来的呢？仔细想想，人的各种情绪有时不就是这么飘然而至的吗？

过三闾大夫庙

戴叔伦

沅湘流不尽，
屈子怨何深。
日暮秋风起，
萧萧枫树林。

【赏析】

《过三闾大夫庙》是唐代诗人戴叔伦所写的一首五言绝句。三闾大夫庙即屈原庙，因屈原曾任三闾大夫而得名，在今湖南汨罗县。

屈原满腔忧国忧民之心，一身匡时济世之才，却因奸邪谗毁不得进用，最终流放江潭，投水而亡。屈原的人格精神和不幸遭遇，引起了后人无限的景仰与同情。比如汉代贾谊、司马迁过汨罗江都曾写诗作文凭吊屈原。时隔千载，诗人戴叔伦也感受到了与贾谊、司马迁同样的情怀。

"沅湘流不尽，屈子怨何深。"沅（yuán）江湘江长流不尽，屈原悲愤似水深沉。第二句用比喻，屈子指屈原，屈原的怨恨好似沅江湘江深沉的河水一样。

"日暮秋风起，萧萧枫树林。"这两句并不完全是写景的闲笔，它让读者想到屈原笔下的秋风和枫树，此处化用屈原的《九歌》《招魂》中的诗句"袅袅兮秋风，洞庭波兮木叶下""湛湛江水兮，上有枫"。这种写法，称为"以景结情"，前两句已经点明了屈原的哀怨，后两句把深远的情思含蕴在景色描绘中，自有一种悲凉感慨之气。

秋夜寄邱员外

韦应物

怀君属秋夜，
散步咏凉天。
空山松子落，
幽人应未眠。

【作者】

诗人韦应物，因出任过苏州刺史，世称"韦苏州"。诗风恬淡高远，以善于写景和描写隐逸生活著称。

【赏析】

这是一首怀人诗，怀念远方朋友的诗。诗人与邱员外即丘丹在苏州时过往甚密，丘丹临平山学道时，诗人写此诗以寄怀。怀人诗一般情感比较强烈，但是韦应物着墨极淡，韵味无穷。

"怀君属秋夜，散步咏凉天。"属，正当的意思。怀念您啊，特别是在这样的秋夜，我独自散步咏叹凉爽的秋天。"空山松子落，幽人应未眠。"空山寂静能听到松子落地声，我想您也在思友而难以成眠。

仔细品味，这后两句多有味道，前两句是实写，后两句是虚写，正因为虚写就显得特别空灵。诗人用了空山和松子的意象，唐代诗人中王维喜欢空山的意象："空山新雨后，天气晚来秋。""空山不见人，但闻人语响。"等。人在空山中独来独往，内心自然是宁静的，这也应该是幽人该有的心境。松子、松树是中国传统中隐士高人的标配，比如刘长卿的《弹琴》里有："泠泠七弦上，静听松风寒。"再比如贾岛的《寻隐者不遇》中的："松下问童子，言师采药去。"甚至有传说隐士常以松子为食。无论空山还是松子都意味着隐居生活、神仙姿态。"空山松子落"的"落"字有两个好处：一是突出季节感；二是运用动态描写，山就活了，而且更幽静了，正所谓"蝉噪林逾静，鸟鸣山更幽。"诗人在想象这位被称作幽人的邱员外一定也在思念朋友。所以是"幽人应未眠"。短短四句诗，写了朋友间互相的思念，有点像李清照笔下的"一种相思，两处闲愁。"

滁州西涧

韦应物

独怜幽草涧边生，
上有黄鹂深树鸣。
春潮带雨晚来急，
野渡无人舟自横。

【赏析】

这是一首山水诗名篇，也是韦应物的代表作之一。诗写于唐德宗建中二年（781）诗人出任滁州刺史期间。滁州就是今安徽滁县，西涧在滁州城西郊外。这首诗描写了山涧水边的幽静景象。全诗不离涧字，写了涧草、涧边的树、涧中水、涧上小舟，动静相宜，急缓交错。

我们一起看一下每一句诗的大意：我怜爱生长在涧边的幽草，涧上有黄鹂在森林中啼叫。春潮伴着夜雨急急地涌来，郊野的渡口没有行人，一只渡船横泊水中。

黄叔灿在《唐诗笺注》中称赞这首诗：闲淡心胸，方能领略此野趣。所难尤在此种笔墨，分明是一幅画图。大家都知道《滁州西涧》流传众口的就是后两句，"春潮带雨晚来急，野渡无人舟自横。"这种笔法分明就是入画笔法，而且大家脑补一下，在春暮晚雨将至的紧张天气状况下，小船却在水中悠闲地摇晃，紧张和闲适形成一种张力，在这种悠闲中隐含着淡淡的无奈。

早春对雪，寄前殿中元侍御

韦应物

扫雪开幽径，端居望故人。

犹残腊月酒，更值早梅春。

几日东城陌，何时曲水滨。

闻闲且共赏，莫待绣衣新。

【赏析】

这是韦应物的一首不是特别出名的诗，《早春对雪》这首诗写给他的朋友，并邀他一起游春。叶嘉莹先生选给孩子的古诗词，唯一的编选原则就是要适合孩子阅读的兴趣和能力，所以只以刻画工巧取胜者不予选录，超出孩子认知水平者亦不选录。这首五言律诗《早春对雪，寄前殿中元侍御》就像一篇日记或者一封书信，没有微言大义，蕴含的是诗人感发生命，对人的感动和召唤。

我们一起看看这首诗是怎么写的。

"扫雪开幽径，端居望故人。"我把地上的春雪扫尽，露出院子里的小路，我一个人无所事事就怀念起老朋友来。"犹残腊月酒，更值早梅春。"希望你能来，因为腊月里的酒还剩下了一些。正好我家附近梅花开了，我们可以一起游春赏梅。下面一句就该是当代年轻人说的"约不约"。

"几日东城陌，何时曲水滨。"什么时候去东城的小路走走，或者什么时候去曲水河边徒步？"闻闲且共赏，莫待绣衣新。"听说朋友你也闲来无事，倒不如我们一起游春，你可不要对我说，自己春天的漂亮的新衣服还没有做好呢。

古人是不是有春天要做新衣服的风俗呢？论语里有："暮春者，春服既成，冠者五六人，童子六七人，浴乎沂，风乎舞雩（余），咏而归。"意思是说到了暮春三月，春天的衣服已经穿好，我会同五六个青年，六七个少年，到沂水河里洗洗澡，在舞雩台上吹吹风，然后唱着歌回来。而这里的韦应物连春服也不讲究，绝对是诗风恬淡高远的诗人。韦应物是山水田园诗派诗人，后人每以"王孟韦柳"并称。这"王孟韦柳"就是盛唐王维、孟浩然，中唐韦应物、柳宗元的合称。

塞下曲

卢 纶

月黑雁飞高，
单于夜遁逃。
欲将轻骑逐，
大雪满弓刀。

【作者】

卢纶，字允言，唐代诗人，大历十才子之一，所作边塞诗苍老遒劲，气势雄浑，有盛唐气象。卢纶特别出名的是他的组诗《塞下曲》，共六首，六首诗原本是和（hè）张仆射的诗作，写军营生活场景，尤以第二首、第三首最为著名。这次我们学习的第三首写雪夜追击敌兵的情景。

【赏析】

"月黑雁飞高,单(chán)于夜遁逃。"没有月亮的晚上,雁群飞得很高,大雁的惊飞使将军发现了单于的动向,(单于:敌人的首领,匈奴的王。)单于趁黑夜悄悄地窜逃。

"欲将轻骑(jì)逐,大雪满弓刀。"正要带领轻骑兵去追赶,就在这时,一场大雪骤降,雪花纷飞落满弓与刀。真是场面入画,巨细必现,气势雄壮,而且激动人心。

雍和生活的诗教已经做了85首诗的节目,真是越来越折服于中国古诗的魅力,上一首《早春对雪,寄前殿中元待御》是以诗歌的方式写邀请信,这一首20个字的《塞下曲》是以诗歌的方式写故事,写纪实小说,文字简练,内容丰富精彩,扣人心弦。

顺便我们把《塞下曲》第二首也分享给大家:

> 林暗草惊风,
> 将军夜引弓。
> 平明寻白羽,
> 没在石棱中。

喜见外弟又言别

李 益

> 十年离乱后,长大一相逢。
> 问姓惊初见,称名忆旧容。
> 别来沧海事,语罢暮天钟。
> 明日巴陵道,秋山又几重。

【作者】

或许有些读者知道唐传奇里的《霍小玉传》,霍小玉是当时的红歌妓,与才子李益一见钟情,再见倾心,相见恨晚,春宵恨短。但是后来李益始乱终弃，霍小玉芳魂早逝。霍小玉死后，李益还写过"从此无心爱良夜，任他明月下西楼"。在《霍小玉传》里，李益算是负心人。但是今天我们学习的这首诗也算是负心人的用心之作吧。

诗题里外弟即表弟；言别：话别。此诗当作于安史之乱后，是在这种动乱的社会背景下创作的。这首诗艺术地再现了诗人同表弟（外弟）久别重逢又匆匆话别的情景。在以人生聚散为题材的小诗中，这首《喜见外弟又言别》历来引人注目。

【赏析】

这首五律的每一联我都用两个字概括，首联：相逢；颔联：相认；颈联：相谈；尾联：相别。

"十年离乱后，长大一相逢。"经过了近十年的战乱流离，长大成人后竟然意外相逢。有考证说两个人分开时还不到十岁，之后的十年正是容貌发生巨大变化的时期，再加上战乱流离，自然有了颔联，"问姓惊初见，称名忆旧容。"初见不相识还惊问名和姓，称名后才想起旧时的面容。两兄弟"别来沧海事，语罢暮天钟。"说不完别离后世事的变化，一直畅谈到黄昏寺院鸣钟。"明日巴陵道，秋山又几重。"明日你又要登上巴陵古道，秋山添忧愁不知又隔几重？用"秋"形容"山"，点明时令的同时，又隐蕴着作者伤别的情怀。从宋玉开始，就把秋天同悲伤联系在一起了。"几重"而冠以"又"字，同首句的"十年离乱"相呼应，使后会难期的惆怅心情，溢于言表。动荡的时代，漂泊的人生啊！

游子吟

孟　郊

慈母手中线，游子身上衣。
临行密密缝，意恐迟迟归。
谁言寸草心，报得三春晖。

孟郊，字东野，唐朝湖州武康（今浙江德清）人。孟郊家境贫寒，早年颇不得志，屡试不第，四处漫游，无人赏识，直到46岁才中了进士，这时他写了一首著名的《登科后》，其中的名句"春风得意马蹄疾，一日看尽长安花"，大家都很熟悉。孟郊50岁任溧阳尉，这首《游子吟》就是写于赴任之前。60岁时，因母死去官，母亲去世他也就辞官不做了。有"诗囚"之称，又与贾岛齐名，人称"郊寒岛瘦"。擅长作五言古诗，属于苦吟诗派，作诗苦心孤诣，多穷愁之词，即苏轼所谓"诗从肺腑出，出辄愁肺腑。"

【赏析】

这首《游子吟》是我所知道的最出名的一首歌颂母爱的诗歌，描写的是慈母缝衣的场景，前面四句采用白描手法，不作任何修饰，表现了母亲无言的深情。最后两句运用了比兴的手法，把小草比作儿女，把春晖比作母亲，用反问句式，直抒胸臆，体现了赤子急于报答母亲的心情。这里有个理解上的难点，什么是三春？旧称农历正月为孟春，二月为仲春，三月为季春，合称三春；晖：阳光。

对于这首《游子吟》，后人在《柳亭诗话》里这样评价：孟东野"慈母手中线"一首，言有尽而意无穷，足与李公垂"锄禾日当午"并传。这是把李绅的《悯农》和孟郊的《游子吟》相提并论。

城东早春

杨巨源

诗家清景在新春，
绿柳才黄半未匀。
若待上林花似锦，
出门俱是看花人。

【赏析】

诗人最喜爱的清新美景正是早春，柳树刚刚冒出新芽，叶子有绿有黄还不匀称。如果等到长安繁花似锦、郊外游人如织之时，景色岂不是毫无新鲜之感。

"上林"即上林苑，故址在今陕西西安市西，建于秦代，汉武帝时加以扩充，为汉宫苑。诗中用来代指京城长安。

诗中"看花人"与"诗家"的欣赏趣味有什么不同？

"看花人"欣赏繁花似锦的景象，"诗家"欣赏绿柳才黄的景象。这种强烈的对比，表明二者的不同审美情趣。这让我想起了五一、国庆长假期间的热门景点，还不是游人如织，简直是人山人海，这种旅游有什么意趣呢？或者冬天去看断桥残雪，或者早春去看绿柳才黄，是不是景色更清新？意境更美好呢？

也可以把这首诗理解成为一篇蕴含哲理的写景诗。艺术家要力求敏锐，要努力创新，不要一味从众，人云亦云，要善于在别人不在意的地方发现生活中的美。

早春呈水部张十八员外

韩　愈

天街小雨润如酥，
草色遥看近却无。
最是一年春好处，
绝胜烟柳满皇都。

【诗题/词牌】

我记得小时候在语文课本里学过背过这首描写和赞美早春美景的七言绝句，诗题只是《早春》，现在才知道原题是《早春呈水部张十八员外》，"呈"就是恭恭敬敬地给。这首诗是写给水部员外郎张籍，张籍在兄弟辈中排行十八，故称张十八，又在水部（即水利部）供职，故称水部张十八员外。韩愈和张籍是什么关系？以前在学习张籍的《秋思》一诗里就提到过，韩愈是张籍的老师，是发现、提携他的伯乐，但是年龄相仿，所以亦师亦友。话说有一年韩愈约着张籍去踏青赏春，张籍以各种理由推辞，结果韩愈就写了这首诗送给张籍，描绘了一幅他眼中最美的春色图。古人真的很有意思，寄情山水也不忘人情。

【作者】

韩愈，字退之，河南河阳人，世称"韩昌黎""昌黎先生"。韩愈是唐代古文运动的倡导者，被后人尊为"唐宋八大家"之首，与柳宗元并称"韩柳"，有"百代文宗"之名。后人将其与柳宗元、欧阳修和苏轼合称"千古文章四大家"。

【赏析】

"天街小雨润如酥"：天街，指天子之城的街道。就是长安城下着小雨，北方的春雨贵如油，所以滋润万物就像酥油一般。

"草色遥看近却无"：小草就要钻出地面，远看一片朦朦胧胧的绿意，近看却还有小草呢。这一句与王维的"青霭入看无""山色有无中"可以相媲美。

"最是一年春好处，绝胜烟柳满皇都。"一年之中最美的就是这早春的景色，它远远胜过了满城烟柳的京城晚春景色。为什么是烟柳？暮春时节，柳树郁郁葱葱，满城绿意，就好像杨柳堆烟一般。

晚　春

韩　愈

草木知春不久归，
百般红紫斗芳菲。
杨花榆荚无才思，
惟解漫天作雪飞。

【赏析】

　　我们刚刚学习过韩愈的《早春呈水部张十八员外》，读到韩愈把早春时节赞颂为最是一年春好处，这一次诗人又对晚春有些什么样的观察和感想呢？《晚春》这首诗是韩愈《游城南十六首》之一，作于元和十一年。此时诗人已年近半百。

　　"草木知春不久归，百般红紫斗芳菲。"花草树木知道春天即将结束，都想留住春天的脚步，竞相争妍斗艳。"杨花榆荚无才思，惟解漫天作雪飞。"就连那没有美丽颜色的杨花和榆钱也不甘寂寞，随风起舞，化作漫天飞雪。晚春的时候，确实是漫天柳絮，满地榆钱。

　　诗人用拟人手法，不说人之惜春，而说草树亦知春将不久，因而百花争艳，各呈芳菲。凑热闹的还有朴素无华的杨花榆荚，像飞雪一般漫天遍野地飘舞。人言草木无情，诗人偏说草木有知，或"斗"或"解"，活泼有趣。

　　然而"无才思"三字颇怪异，遂引起后人诸多猜测。或谓劝人勤学，不要像杨花那样白首无成；或言赞赏杨花虽无芳华，却有情趣和勇气。正是"柳丝榆荚自芳菲，不管桃飘与李飞。"（《红楼梦》黛玉葬花词）这勇气岂不可爱？诗无达诂，一首诗歌的寓意，见仁见智，不同的人生阅历和心绪会有不同的领悟。

春　雪

韩　愈

新年都未有芳华，
二月初惊见草芽。
白雪却嫌春色晚，
故穿庭树作飞花。

【赏析】

　　韩愈给我的印象一直是《师说》里传道授业解惑的师者、儒者、大学者、大文豪的形象，其实他的诗歌也很有成就。叶嘉莹先生选编的《早春呈水部张十八员外》《晚春》《春雪》就凸显出韩愈诗歌的特色，至少我个人感觉韩愈诗笔盘旋回绕，想象大胆，很有情致。

"新年都未有芳华，二月初惊见草芽。"这里的芳华就是指芬芳的春色。2017年岁末，电影院里热映的就是根据严歌苓的小说《芳华》改编的同名电影，片名被译成英语后就是"Youth"（青春）。严歌苓"芳华"这两个字是不是最早的出处就是韩愈的《春雪》呢？这两句的大意是，新年已经来到，然而却没有看到芬芳的鲜花，直到二月（农历的二月也就是阳历三、四月）才惊喜地发现草儿萌发了绿芽。韩愈在《早春呈水部张十八员外》中曾写到"草色遥看近却无，最是一年春好处。"诗人对草芽似乎特别多情，也就是因为他从草芽中看到了春天的消息。

"白雪却嫌春色晚，故穿庭树作飞花。"白雪似乎耐不住春天的姗姗来迟，竟纷纷扬扬在庭前树间洒下一片片雪花。诗人似乎是借鉴岑参《白雪歌送武判官归京》之意："忽如一夜春风来，千树万树梨花开。"在这里韩愈拟雪为花，又进一步拟雪为人，说雪都嫌春天来得太迟了，因而要为人们装点出一些春花、春意。

题都城南庄

崔 护

去年今日此门中，
人面桃花相映红。
人面不知何处去，
桃花依旧笑春风。

【作者】

说起诗人崔护，很多人一下想不起来他的诗歌成就，但是这首《题都城南庄》几乎所有读者都不陌生。崔护，唐代博陵（现在的河北定县）人，贞元十二年（796）时登第，就是考中进士，官至岭南节度使。崔护的诗风精练婉丽，语言清新。《全唐诗》存诗六首，皆是佳作。尤以《题都城南庄》流传最广，脍炙人口，有目共赏。该诗以"人面桃花，物是人非"这样一个看似简单的人生经历道出了千万人都似曾有过的共同生活体验，为诗人赢得了不朽的诗名。

【赏析】

去年的今天，就在这长安南庄的一户人家门口，我看见一位美丽的姑娘，美丽的面庞和盛开的桃花互相映衬，显得更有风情。中国人自古就把桃花比作美人，比方说《诗经》里的《桃夭》："桃之夭夭，灼灼其华。之子于归，宜其室家。"就是用盛开的桃花比喻新嫁娘。

时隔一年的今天，故地重游，只有满树桃花依然在这和煦春风中开得如此灿烂，而美丽的姑娘却不知所终。

【小知识】

关于这首诗，有一段凄美的传奇故事。唐德宗贞元初年，出身名门望族的英俊小生崔护科举落第，想在都城长安寻找安身之处继续应考。清明节这天，崔护去城南游玩，也就是终南山的方向，走着走着觉得口渴，于是到一户开满桃花的农庄讨水喝。农家里走出了一位美丽的姑娘，递给崔护一碗水，自己就站在桃树下望着他。姑娘娇艳妩媚，堪比一树桃花。第二年同一天，崔护寻着旧路，又来这个农家，寻访佳人，桃花依旧绚烂，可是大门紧锁，佳人不知所终。才子就是才子，崔护就在院门上题写了这首诗。这个故事是不是真实的呢？后人不得而知，有可能是先有诗，而后演化出这样的故事，也未可知。

秋　词

刘禹锡

自古逢秋悲寂寥，
我言秋日胜春朝。
晴空一鹤排云上，

便引诗情到碧霄。

【作者】

　　刘禹锡，唐代诗人，字梦得，生于河南郑州。刘禹锡从小志向远大，希望能够修身治国平天下。但是他仕途坎坷，屡遭贬谪，他写过两首《秋词》，都是在诗人被贬、任朗州司马期间，但是即使这样，诗人仍然歌颂秋天，意气风发，催人奋进。刘禹锡早年与柳宗元齐名，世称"刘柳"，晚年与白居易唱和，世称"刘白"。

【赏析】

　　悲秋是中国文人的传统，悲秋的实质就是理想未能实现的悲观与失望，文人在消极心态下看到秋景，就不由自主地把心境投射其上。刘禹锡也能理解他们的心情，但是他提出了对秋天的另一种感受，秋日有落叶有衰亡，但是也有收获，所以他说秋日胜春朝。

　　秋高气爽，天高云淡，一只白鹤冲向天空，好像有无限的斗志，仿佛打破了所有的肃杀与寂寥。

　　诗人也被冲天的白鹤感染，满腔诗情都飞上了澄澈、高远的蓝天。

　　这首诗因为其境界高远，被认为是唐诗中的极品。

乌衣巷

刘禹锡

朱雀桥边野草花，
乌衣巷口夕阳斜。
旧时王谢堂前燕，
飞入寻常百姓家。

【诗题/词牌】

　　第二句最后一个字"斜"读 xiá。《乌衣巷》是刘禹锡《金陵五题》

中的第二首，一听题目就知道这是凭吊怀古诗，但是可能大家不知道刘禹锡虽然浪迹江南，却没有亲身去过南京，《金陵五题》是凭空之作，是想象中的金陵，这在刘禹锡的《金陵五题》并序中交代得很清楚。而且他还说白居易对自己的五首诗叹赏良久，最推崇第一首《石头城》的"潮打空城寂寞回"。

没去过，怎么能写《金陵五题》呢？因为金陵在唐朝的诗文里早已经成了固定的意象，那就是：六朝如梦，金粉成灰。金陵古都在唐朝之前就是六朝古都，有六个王朝定都金陵，三国的吴、南迁后的东晋、东晋之后的南朝（宋齐梁陈四朝）。当时北方大动荡，南方大发展，特别是文学艺术包括书法绘画等，达到了精妙绝伦的程度，但是这六朝中最长的刚过百年，短的只有20多年，多是短命王朝。到了隋唐，隋文帝平江南，下决心把金陵夷为平地，种上庄稼，金粉楼台一下子成了竹篱茅舍，原本富贵的金陵反倒是繁华落尽，所以叫六朝如梦，金粉成灰。所以刘禹锡不必到过金陵，也能写金陵。

诗题中"乌衣巷"是指南京秦淮河南岸，最早是兵营，当时的兵士着黑衣，因此得名乌衣巷。后来五胡入华，西晋渡江变成东晋，乌衣巷成为了晋朝王导、谢安两大家族的聚居地。王导是东晋政权得以维持的擎天大柱，谢安则以指挥淝水之战闻名于世，王谢两家并不只有王导、谢安，而是代有才人出，王家还有王羲之、王献之，谢家有谢灵运、谢朓，所谓王家书法谢家诗。这些才子都是乌衣巷走出来的，真是一条乌衣巷，半部六朝史。到了隋唐时代，王谢两家气数已尽，乌衣巷也换了主人。

【赏析】

"朱雀桥边野草花，乌衣巷口夕阳斜。"这两句诗对仗得浑然天成，朱雀桥对乌衣巷，地名对地名，而且还是带有颜色词的地名；野草花对夕阳斜。朱雀桥边冷落荒凉，长满野草野花，乌衣巷口断壁残垣正是夕阳西斜。明明是说乌衣巷人事没落，没提到一个人字，突出"野草花"，不正是表明，昔日车水马龙的朱雀桥，今天已经荒凉冷落了吗！本来鼎盛时代的乌衣巷口，应该是衣冠来往、车马喧阗的。而现在，诗人却用一抹斜晖，使乌衣巷完全笼罩在寂寥、惨淡的氛围之中。"旧时王谢堂前燕，飞入寻常百姓家。"

晋代时王导、谢安两家的堂前紫燕，而今却飞入寻常老百姓家。这些飞入百姓家的燕子，过去却是栖息在王谢权门高堂上。燕子本是无知的候鸟，但是诗人却赋予燕子以历史见证人的角色，眼见他起高楼，眼见他宴宾客，眼见他楼塌了。几百年的风雨际会，几百年的桑海沧田，都在燕子的来去中翻转变化，这是何等的举重若轻啊！

悯农二首（其二）

李　绅

锄禾日当午，
汗滴禾下土。
谁知盘中餐，
粒粒皆辛苦。

【作者】

我们经常说的名以诗传，就是说有的诗人能够流芳百世，主要就是因为他（她）有一两首诗非常有名。那么，最有代表性的大概就是我们今天讲的李绅，实际上李绅官至宰相，可是了解这些情况的人非常少，我们只知道他的代表作是《悯农二首》。

【赏析】

《悯农二首》是诗人李绅的组诗作品，这两首小诗语言通俗、质朴，音节和谐、明快、朗朗上口，容易记诵。这两首诗不仅在民间广泛流传，在文学史上也有一定的影响。近代以来，更是作为思想教材，选入了小学教科书。我想大多数家长都有用这首诗来教育孩子爱惜粮食的经验吧。我们这里顺便分享一下《悯农二首》的第一首：

春种一粒粟，
秋收万颗子。

四海无闲田，
农夫犹饿死。

问刘十九

白居易

绿蚁新醅酒，
红泥小火炉。
晚来天欲雪，
能饮一杯无？

【作者】

　　白居易，唐代诗人。字乐天，号香山居士。生于河南新郑。在文学上，主张"文章合为时而著，歌诗合为事而作"，是新乐府运动的倡导者。他的诗歌语言通俗，人有"诗魔"和"诗王"之称。和元稹并称"元白"，和刘禹锡并称"刘白"。有《白氏长庆集》传世。

【诗题 / 词牌】

　　说说诗题，刘十九是作者在江州时的朋友，家里排行十九。《问刘十九》是白居易晚年隐居洛阳，"天晚欲雪，思念旧人"时所作。没有深远寄托，没有华丽辞藻，字里行间却洋溢着温暖如春的情谊。

【赏析】

　　"绿蚁新醅酒，红泥小火炉。"这两句真是写得好！前两句是对句，而且颜色和谐搭配，有绿有红。酒是绿的，炉子是红的。可能有人问：为什么酒是绿的，而且说是绿蚁呢？因为酒是新近酿好的，未经过滤，酒面泛起酒渣泡沫，颜色微绿，细小如蚁，故称"绿蚁"。酿好了淡绿的米酒，烧旺了小小的火炉。多么美好的图画！

　　"晚来天欲雪，能饮一杯无？"这里又有颜色的搭配，黑与白，夜色是黑的，雪是白的，和前两句的红泥、绿蚁形成鲜明的对比。在风雪黑夜的无边背景下，小屋内的"绿"酒"红"炉和谐配置，异常醒目，也格外温暖。天色将晚，雪意渐浓，能否一顾寒舍共饮一杯暖酒？刘十九接到这份邀请信，一定会踏雪而来。实际上，据考证，刘十九还在江州，就是今天的江西九江，而白居易这个时候在洛阳，不是真的邀请刘十九这会儿一起开怀畅饮，而是寄托着深厚的情谊，与朋友分享生活中诗情。作品充满了诗意生活的情调，浅近的语言写出了日常生活中的美和真挚的友谊。

【小知识】

说起喝酒的情感，白居易与唐朝其他诗人都不一样。唐朝诗人都好饮酒，最著名的是酒仙李白"天子呼来不上船，自称臣是酒中仙。"又说"金樽清酒斗十千，玉盘珍羞直万钱。"他喝的是什么酒？清酒过滤过的酒是好酒，是豪酒。杜甫也爱酒，"酒债寻常行处有，人生七十古来稀。"他感慨啊，感慨特别多的人生失意。他喝得什么酒？他喝闷酒。白居易喝得什么酒？闲酒，多么闲适的生活和情调啊，简直就是一种小确幸。

观游鱼

白居易

绕池闲步看鱼游，
正值儿童弄钓舟。
一种爱鱼心各异，
我来施食尔垂钩。

【赏析】

《观游鱼》是白居易创作的一首七言绝句，诗人描绘了一幅生活场景，诗人在池畔观鱼，同时却有顽童在钓鱼，因此有感而发，表现了同时喜欢鱼却采用了两种完全不同的方式，流露出淡淡的无奈。真是一首很有生活情趣的小诗。

诗歌大意是：闲下来围着水池看着水里的鱼自由地游动，正好遇到儿童摆弄钓鱼船。一样地喜欢鱼，但是心态却不一样，我来喂食你却来垂钓。

暮江吟

白居易

一道残阳铺水中，
半江瑟瑟半江红。
可怜九月初三夜，
露似真珠月似弓。

【赏析】

这首著名的七言绝句，是白居易杂律诗中的一首，作于元和十一年至十三年。这首七言绝句也被收录到上海市小学生的语文课本。

我们来看一下前两句："一道残阳铺水中，半江瑟瑟半江红。"将要落山的太阳斜射在江面上，江水一半碧绿，一半橙红色。其实把古诗用现代汉语翻译过来是索然无味的。

我们还是回到古诗当中，第一、二句白居易着力描写夕阳斜照下的江水、残阳，表明时间已晚，对应诗题中的"暮江"。此时的残阳十分靠近地平线，几乎是贴着地面照射过来的，看上去就像真的铺在江面上一样。这里诗人用"铺"取代了我们一贯用的"照"，用法非常形象。后半句说江水一半碧绿，一半深红，江面上红绿两色交相辉映，再加上徐徐落下的残阳，构成了一幅绚丽多姿的残阳铺照图。所谓"瑟瑟"原是珠宝名，你看它上面有两个"王"字，颜色是碧绿的，这里用来形容背阴处江水颜色碧绿。

第三、四句："可怜九月初三夜，露似真珠月似弓。"九月初三的夜晚实在令人喜爱，这里的"可怜"是可爱的意思。滴滴清露犹如珍珠，一弯新月恰似一张精巧的弓，悬挂在天际。这第三、四句以刚刚升起新月的夜景为描写对象，描绘了一幅和谐、安宁的秋夜图。"真珠"比喻露珠，既说出其圆润的特点，又写出在新月的照射下，露珠闪烁的光泽。不同时间的两幅美景图是由九月初三夜连接起来的，它既承接上文的"暮"，又与下文的"露""月"相连，起着承上启下的作用。纵观全诗，仅仅用了28个字就将夕阳照射下的碧波交映和新月初悬时的静夜草露这两幅美景描绘出来。诗人遣词造句的功力之深厚由此可见一斑。

大林寺桃花

白居易

人间四月芳菲尽，
山寺桃花始盛开。
长恨春归无觅处，
不知转入此中来。

【赏析】

这首诗创作于元和十二年四月，农历的四月，白居易同友人游大林寺，大林寺在庐山的香炉峰，是佛教圣地之一。当时诗人写了一篇游记《游大林寺序》，其中就附了这首绝句。所以本诗既是一首记游诗，也是一首难得的写景佳作。

"人间四月芳菲尽，山寺桃花始盛开。"在人间四月里，百花凋零已尽，高山古寺中的桃花才刚刚盛开。为什么已经到了孟夏时节，古寺中会看到桃花烂漫呢？因为山上海拔高，气温低，所以山下已经入夏，山上还是春光一片。

"长恨春归无觅处，不知转入此中来。"我常为春光逝去无处寻觅而怅恨，却不知它已经转到这里来。

此诗只有短短的四句，从内容到语言都似乎没有什么深奥、奇警的地方，只不过是把"山高地深，时节绝晚""与平地聚落不同"的景物节候，做了一番纪述和描写，而就是这首平淡自然的小诗，写出了诗人的惊喜，富于情趣。

赋得古原草送别

白居易

离离原上草，一岁一枯荣。
野火烧不尽，春风吹又生。
远芳侵古道，晴翠接荒城。
又送王孙去，萋萋满别情。

【诗题 / 词牌】

这首诗小学课本都选入了，是大家耳熟能详的，不过小学课本经常砍去后面的一半，并把题目改成了《草》，小学老师一般会把这首诗的主题定为讴歌野草的生命力。

这首诗的真正题目是《赋得古原草送别》，"赋得"是什么意思？这是借古人诗句或成语做的命题作文，称为"赋得体"，经常是古人学习作诗或者科举考试命题作诗的一种形式。这首《赋得古原草送别》其实就有点像白居易高考前的模拟作文题，必须在一首五言律诗中讲到"古原""草""送别"，且不能牵强附会。

【赏析】

"离离原上草，一岁一枯荣。"点题，"古原""草"都有了；"离离"就是草茂盛的样子，

注意第二句枯荣，先说枯再说荣，而不是一般人说的盛衰，诗人的重心是荣，就把春草蓬勃的气势描写出来。

第三、四句"野火烧不尽，春风吹又生"，是诗眼所在，写得通俗，写得精神，写得生动。

如果前面的四句重点写草，后面的四句就写古原。"远芳侵古道，晴翠接荒城。"远处芬芳的野草一直长到古老的驿道上，晴朗的天气里野草在阳光下显得格外青翠，草地的尽头连接着远处的城池。不论是古道，还是荒城，都是衬托野草的蓬勃，同时也是一个背景，一个送别的背景：游子要沿着古原驿道，去往远处的荒城。

最后两句"又送王孙去，萋萋满别情"点明送别的本意，用绵绵不尽的春草来比喻弥漫原野的惜别之情，这句完全是化用了西汉《招隐士》中的"王孙游兮不归，春草生兮萋萋"，南唐后主李煜也有类似的一句"离恨恰如春草，更行更远还生"。

【小知识】

最后必须要提一下关于白居易名字的小故事，因为也是和这首诗相关的。据宋人尤袤的《全唐诗话》记载，白居易16岁的时候从江南到长安，带着诗作去拜见当时的名士顾况，顾况首先拿白居易的名字开涮，"长安米贵居不易，"你想白住，可不容易哦。但是等到他读到"野火烧不尽，春风吹又生"一联时，他改口说："有才如此，居亦何难？"

钱塘湖春行

白居易

孤山寺北贾亭西，水面初平云脚低。
几处早莺争暖树，谁家新燕啄春泥。
乱花渐欲迷人眼，浅草才能没马蹄。
最爱湖东行不足，绿杨阴里白沙堤。

【赏析】

《钱塘湖春行》选自《白氏长庆集》，是一首颇具盛名写西湖的七言律诗。所谓钱塘湖就是咱们熟悉的西湖。这首诗是白居易任杭州刺史的时候创作的。

"孤山寺北贾亭西，水面初平云脚低。"行至孤山寺北，贾公亭西，但见湖面平涨，为什么啊？春水初涨，春天到了，湖水水位升高，白云低垂，秀色无边。"云脚低"指接近地面的云气，春天湖水上涨，舒卷的白云和碧波荡漾的湖面看上去连在了一起。

　　"几处早莺争暖树，谁家新燕啄春泥。"几只黄莺，争先飞往向阳树木，谁家燕子，为筑新巢衔来春泥？诗人从小处着手，描绘了西湖早春的典型物候。这是我最喜欢的两句，诗人用"几处"、"谁家"而不是"处处"、"家家"来形容早莺和新燕，更符合此时的时令，"争暖树"和"啄春泥"赋予这幅早春图以动感。

　　"乱花渐欲迷人眼，浅草才能没马蹄。"鲜花缤纷，几乎迷人眼神，野草青青，刚刚遮没马蹄。浅草这句引用了唐朝到西湖骑马游春的风俗。

　　"最爱湖东行不足，绿杨阴里白沙堤。"湖东景色，令人流连忘返，最为可爱的，还是那绿杨掩映的白沙堤。这让我想起了西湖的白堤，就是这首诗里的白沙堤，横亘在西湖东西向的湖面上，从断桥起，过锦带桥，止于平湖秋月，长一公里。后人为纪念白居易，改名为白堤。

零陵早春

柳宗元

问春从此去，
几日到秦原？
凭寄还乡梦，
殷勤入故园。

【作者】

　　柳宗元，唐代文学家、哲学家和政治家，唐宋八大家之一。字子厚，祖籍河东（今山西永济），世称柳河东。出生于长安。与韩愈共同倡导唐代古文运动，并称"韩柳"；与刘禹锡并称"刘柳"；王维、孟浩然、韦应物与之并称"王孟韦柳"。少有才名，早有大志，后入朝为官，积极参与政治革新，革新失败后贬至邵州刺史，再贬为永州司马。后回京师，又出为柳州刺史，政绩卓著。卒于柳州任所，所以也称柳宗元为柳柳州。一生留存诗文作品 600 余篇，其文成就大于诗，虽然我们今天学习柳宗元的诗歌，其实他的散文、骈文、游记写得更出色。

【赏析】

《零陵早春》是他的一首五言绝句。零陵就是永州，在湖南广西交界处，是当时所谓南蛮之地，由于顺宗下台、宪宗上台，革新失败，革新派人士都随即被贬。宪宗八月即位，柳宗元九月便被贬为邵州（今湖南邵阳市）刺史，行未半路，又被加贬为永州（今湖南永州市）司马。一待就是十年。零陵永州地处江南，属亚热带季风湿润气候。春天的到来，自然要比长安早。作者生于长安，长于长安；在长安有他的家，有他的理想。尽管永州零陵已经大地回春，春意浓浓，但是诗人还是思念着故乡的春天，长安的春天：

> 请问春天从这去，
> 何时才进长安门。
> 托付给你还乡梦，
> 恳请带我回家园。

这首诗最后一句"殷勤入故园"，"殷勤"一词，写出了作者浓烈的思乡情，写出了作者殷切的期盼，写出了作者的怨愤，它是全诗的点睛之笔、中心所在。诗人恳切希望春风把自己带回故乡，哪怕那只是一场梦而已。

江 雪

柳宗元

千山鸟飞绝，
万径人踪灭。
孤舟蓑笠翁，
独钓寒江雪。

【赏析】

在诵读的时候，要注意整首诗基本押入声韵，入声比较短促，容易营造一种冷峻的氛围。第一句和第四句的"绝"和"雪"要念入声。《江雪》是柳宗元妇孺皆知的一首名作。这首诗描写的是江野雪景。

"千山鸟飞绝，万径人踪灭。"千山万岭看不见一只飞鸟，万径千川，行人的踪迹也断绝了。在这样一个辽阔无边的皑皑白雪背景下，就突出了渔翁在孤舟上独钓的景象。

"孤舟蓑笠翁，独钓寒江雪。"孤舟上有一位披蓑戴笠的老翁，独自顶风冒雪，寒江垂钓。这首诗虽然貌似写景，但景中又寄托着诗人的思想感情。

我们在上一首诗中介绍过，柳宗元早年参与政治革新，革新失败以后受到打击，被贬为永州司马。据说写《江雪》的时候他就是在永州担任司马。其实我们可以想象，永州地处湖南的南部，是否冬天会有这样白雪皑皑的景象？或者这只是柳宗元的一种想象呢？诗中描写的环境正是诗人当时的一种孤独、失意心境的反映。面对恶劣的政治环境和人生处境，诗人依然能够坚持自己独立的人格，如同那位渔翁一样。柳宗元傲然独立、清隽高洁的人格思想在诗中得到了展现。全诗虽然只有20个字，但画面感极强，情景交融，景物描写与情感表达浑然天成。

渔　翁

柳宗元

渔翁夜傍西岩宿，
晓汲清湘燃楚竹。
烟销日出不见人，
欸乃一声山水绿。
回看天际下中流，
岩上无心云相逐。

【赏析】

柳宗元这首山水小诗作于永州（今湖南零陵）。当时的柳宗元因参与革新而被贬永州，一腔抱负化为烟云，他承受着政治上的沉重打击，寄情于异乡山水，写下了著名的《永州八记》，也写下了不少吟咏永州湖光山色的诗篇，《渔翁》就是其中的一首代表作。

全诗共六句，按时间顺序，分三个层次。"渔翁夜傍西岩宿，晓汲清湘燃楚竹。"这是从夜到拂晓的景象。渔翁晚上靠着西山歇宿，早上汲取清澈的湘水，以楚竹为柴做饭。渔翁夜宿晨起，以忙碌的身影形象地显示出时间的流转。

"烟销日出不见人，欸乃一声山水绿。"这是最见诗人功力的妙句，按照苏东坡的意思，诗写到这里就可以结束了。太阳出来云雾散尽不见人影，摇橹的声音从碧绿的山水中传出。欸（ǎi）乃：象声词，一说指桨声，一说是人长呼之声。这句怎么没有写渔翁呢？其实，渔翁的行踪全凭那一声橹响，已经让读者知道，渔翁早就忙碌起来了。第四句的"绿"字不仅呈现出色彩的功能，而且给人一种动态感。这不禁使人想起王安石的著名诗句："春风又绿江南岸"，王安石借春风的吹拂赋"绿"字以动态，而柳宗元则借声响的骤起，不仅赋之以动态，而且赋以顷刻转换的疾速感，生动地显现了日出的景象，令人更觉神奇。

最后两句"回看天际下中流，岩上无心云相逐。"日出以后，画面更为开阔。此时渔船已进入中流，而回首骋目，只见山巅上正浮动着片片白云，好似无忧无虑地前后相逐。读到这里，诗境真是极为悠逸恬淡。诗人自始至终表现渔翁和大自然的相契相合，同样体现着他对自由人生的渴求。

寻隐者不遇

贾 岛

松下问童子，

言师采药去。

只在此山中，

云深不知处。

【赏析】

诗僧贾岛是以"推敲"两字出名的苦吟诗人。一般认为他只是在用字方面下功夫，其实他的"推敲"不仅着眼于锤字炼句，在谋篇构思方面也是同样煞费苦心的。这首《寻隐者不遇》就是一个例证。

全诗只有二十字，却有人物，有对话，有情节，有环境，内容极其丰富，绝妙之处就在于贾岛运用了问答体。不是一问一答，而是几问几答，并且寓问于答。

诗人和童子的三番答问，逐层深入，表达感情有起有伏。"松下问童子"时，心情轻快，满怀希望；"言师采药去"，答非所想，心境失望；"只在此山中"，在失望中又萌生了一线希望；及至最后一答："云深不知处"，就惘然若失，无可奈何了。一波三折，全在二十个字之间。

【小知识】

前面介绍过了，贾岛是苦吟派诗人。什么叫"苦吟派"呢？就是为了一句诗或是诗中的一个词，不惜耗费心血，花费工夫。据说贾岛曾用几年时间做了一首自己最得意的诗。贾岛后来还写了一首五绝讲这个事情，"二句三年得，一吟双泪流。知音如不赏，归卧故山秋。"他花了三年时间，好不容易找到这两句诗。如果不被知音人所欣赏，他就只好回到老家去高卧，一辈子不做诗了。

关于推敲的故事，是这样的。话说有一次，贾岛正琢磨着自己写的一首《题李凝幽居》。他有一处特别拿不定主意，就是觉得第二句中的"鸟宿池边树，僧推月下门"，到底是用"推"还是用"敲"。于是，贾岛一会儿做着"推"的动作，一会儿做着"敲"的动作，闷着头骑着毛驴闯进了大官韩愈的仪仗队。韩愈大怒，问他为什么冲撞自己的仪仗队。贾岛就把自己写诗的事情告诉了韩愈，韩愈听了，对贾岛说："我看还是用'敲'好，月夜访友，即使人家没有拴门，也不能莽撞推门，再说，一个'敲'字，更能衬托夜静更深之时的宁静，读起来也响亮些。"贾岛听了，连连点头。据说从此两人竟成了诗友。

"推敲"从此也就成为了脍炙人口的常用词，用来比喻做文章或做事时，反复斟酌，精益求精。

渡桑干

刘　皂

客舍并州已十霜，
归心日夜忆咸阳。
无端更渡桑干水，
却望并州是故乡。

【作者】

刘皂，是唐德宗贞元年间的诗人，咸阳人，生活于中晚唐时代，其他身世已不可考。其代表作就是《渡桑干》。在很多诗集中，这首诗都归在贾岛名下，其实是错误的，因为贾岛是范阳人，不是咸阳人。

【赏析】

客居并州已经过了十年，我回归的心日日夜夜在思念咸阳。诗的前半部分，写久客并州的思乡之情。十年是一段很长的时间，十年积累起的乡愁，对于旅人来说，显然是一个沉重的负担。我无故再一次渡过桑干河，回过头来望望并州，那里真像我的故乡啊。

出乎诗人意外的是，过去只感到十年的怀乡之情是一个沉重的负担，而万万没有想到，由于在并州住了十年，在这久客之中，又不知不觉地对并州也同样有了感情。事实上，它已经成为诗人心中第二故乡，所以当再渡桑干河，而回头望着愈去愈远的并州的时候，另外一种思乡情绪，即怀念并州的情绪，竟然出人意外地、强烈地涌上心头，从而形成了另外一个沉重的负担。

每一个有久客还乡经验的人，读到这首诗，请想一想吧，难道自己不曾有过这种非常微妙复杂同时又非常真实的心情吗？

秋 夕

杜 牧

银烛秋光冷画屏，
轻罗小扇扑流萤。
天阶夜色凉如水，
坐看牵牛织女星。

【作者】

杜牧，字牧之，号樊川居士，唐代杰出的诗人、散文家，是宰相杜佑之孙。26岁中进士，官至中书舍人，著有《樊川文集》。杜牧的诗歌以七律和绝句著称，内容以咏史抒怀为主，诗歌风格俊朗清丽，独树一帜，在晚唐成就颇高。杜牧人称"小杜"，以别于杜甫"大杜"。与李商隐并称"小李杜"。不过，我个人觉得杜牧的诗风更接近李白，不像杜甫那样沉郁。

【诗题/词牌】

这首《秋夕》是杜牧创作的一首七言绝句，是一首宫怨诗，这首诗的题名有时也作《七夕》，描写了七夕之夜的一名宫女。七夕是农历的七月七日，相传这一天牛郎织女鹊桥相会，所以七夕就成了爱情的象征。

唐代白居易的《长恨歌》中有："七月七日长生殿，夜半无人私语时；在天愿作比翼鸟，在地愿为连理枝。"记述唐玄宗与杨玉环，以牛郎织女为例，共誓白头之约。北宋秦观专门写过一首《鹊桥仙》："柔情似水，佳期如梦，忍顾鹊桥归路？两情若是久长时，又岂在朝朝暮暮。"

七夕后来又有了乞巧的传统，成为了"女儿节"。因为不少女孩子希望以织女为榜样，向织女献祭，祈求自己能够心灵手巧，获得美满姻缘。这也就是"乞巧"名称的来源。在这一天女孩子可以展示刺绣、针线等手艺，彰显女子的巧慧。总之，七夕不管是祷祝姻缘美满，还是女儿乞巧，都是温暖浪漫的传统。不过，杜牧的这首《秋夕》却是爱情美梦破灭的描写。

【赏析】

"银烛秋光冷画屏，轻罗小扇扑流萤。"先是室内的场景：烛光冷清清照着美丽的屏风，一个"冷"字奠定了整首诗歌的基调，和第三句的"凉"遥相呼应。再是室外的场景：手拿轻巧团扇的女孩子在扑打萤火虫。古诗中经常用秋扇比喻弃妇，与夏日用来纳凉的扇子不一样，它有特别的含义。说到这儿，先说一个小故事。

汉成帝时期，有妃名班婕妤。班婕妤受赵飞燕的陷害，而被皇帝打入冷宫。失去了皇帝的宠爱，冷暖可想而知。于是班婕妤写了一首《怨歌行》：把自己比喻为一把扇子，被人想起的时候，有所用，用过之后，随手一扔，不再过问。到了清代，著名词人纳兰性德有《木兰词》一词，有这么一句流传很广：人生若只如初见，何事秋风悲画扇？古诗文中秋扇、团扇都是比喻怨妇弃妇。因为无人问津，所以萤火虫都来光顾，女子也只能靠扑打流萤来打发时光，这是怎样孤苦寂寞的光景啊！

"天阶夜色凉如水，坐看牵牛织女星。"第三句告诉了读者，寂寞孤苦的女子到底什么来历。"天阶"那是皇宫里的台阶啊，原来她是一名宫女。夜已深了，天气越来越凉，可是宫女还是坐在冰冷的石阶上仰望夜空，也许是牛郎织女的故事触动了她的心事，牛郎织女尚且一年之中还可以相聚一次，自己何时才能见到君王。

前面三句都是气氛的营造和渲染，最后一句"坐看牵牛织女星"，意蕴丰富，有哀怨，有悲苦，也有期盼，可是诗人没有明说，正所谓：含蓄蕴藉，意在言外！

山　行

杜　牧

远上寒山石径斜，

白云深处有人家。

停车坐爱枫林晚，

霜叶红于二月花。

【赏析】

　　"自古逢秋悲寂寥，我言秋日胜春朝"，刘禹锡的诗句道出中国诗人的悲秋情结自古有之。"悲秋"是中国古代文学中一个源远流长的主题，从《诗经》《楚辞》到"建安文学"，从唐诗宋词到元曲清诗，"睹落叶而悲伤，感秋风而凄怆。"古代文人与秋天有着割舍不断的情结。但是杜牧的《山行》却为读者描绘了另一幅秋色图，刘禹锡和杜牧有着异曲同工之处。《山行》是一首描写和赞美深秋山林景色的七言绝句，一直被收录于小学生语文课本。四句诗展现出一幅动人的山林秋色图，山路、人家、白云、红叶，构成一幅和谐统一的画面。这首小诗不只是即兴咏景，而且进而咏物言志，是诗人内在精神世界的表露。

　　弯弯斜斜山石小路远上山巅，诗人的视线由下而上，写一条石头小路蜿蜒曲折地伸向充满秋意的山峦。"寒"字点明深秋季节；"远"字写出山路的绵长；白云生发之处隐隐约约有几户人家。这一句的"白云深处"还是"白云生处"有不同的说法，白云深处（深浅的深）更通俗，不过我更偏向于生发的"生"，一个"生"字，形象地表现了白云升腾、缭绕和飘浮的种种动态，也说明山很高。"有人家"三字会使人联想到炊烟袅袅，鸡鸣犬吠，从而感到深山充满生气。

　　只因爱那枫林晚景我把马车停下，这句中的"晚"字用得无比精妙，它蕴含多层意思：因为傍晚才有夕照，绚丽的晚霞和红艳的枫叶互相辉映，枫林才格外美丽。诗人流连忘返，到了傍晚，还舍不得登车离去，足见他对红叶喜爱之极。霜染的枫叶胜过鲜艳的二月花，这是全诗的中心句。前三句的描写都是在为这句铺垫和烘托。诗人为什么用"红于"而不用"红如"？因为"红如"不过和春花一样，无非是装点自然美景而已；而"红于"则是春花所不能比拟的，不仅仅是色彩更鲜艳，而且更能耐寒，更经得起风霜考验。

清　明

杜　牧

清明时节雨纷纷，
路上行人欲断魂。
借问酒家何处有，
牧童遥指杏花村。

【赏析】

　　在诵读的时候，第一句中的"节"要念入声，这首《清明》也是杜牧的名篇，小学语文课本里都有收录。我以前读的时候，不求甚解，往往会有这样的疑惑，前两句很忧伤，后两句很欢快，有点不搭，主要的疑惑就是清明节为什么让人想到要去喝酒呢？

　　我们一起来细读一下。"清明时节雨纷纷，路上行人欲断魂。"第一句紧扣诗题，点明了清明时节的天气特征，接着用"断魂"两个字传神地写出了行路人凄迷、忧伤的心情。清明有结伴踏青、祭祖扫墓的习俗。本该家人团聚，然而诗中的行人却独处异乡，孤身赶路，心中倍感凄凉。偏偏又赶上蒙蒙细雨，更增添了一种莫名的惆怅和烦忧。那么该怎么排解这满怀的惆怅呢？行人想在附近找个酒家喝点酒，浇一浇心中的愁绪；同时，也能歇歇脚，解解寒，避避雨。于是他向前问路，至于问谁，诗中没有点明。末句中的"牧童"二字补充说明了上句中行人发问的对象，牧童用行动代替语言来回答，行人顺着他手指的方向望去，只见杏花深处有一个酒家隐约可见。诗到此处戛然而止，兴味深长。至于行人如何问讯而喜，如何借酒消愁，都留给读者去想象。

　　根据《江南通志》的记载，杜牧担任池州刺史时，曾到杜湖、东南湖附近的杏花村饮酒。诗中的行人、酒家、牧童和杏花村，加上山路弯弯，春雨飘洒，构成了一幅情趣盎然的清明烟雨图。

江南春

杜 牧

千里莺啼绿映红，
水村山郭酒旗风。
南朝四百八十寺，
多少楼台烟雨中。

【赏析】

在诵读的时候第二句的"郭"要念入声。前两句写江南的春景，就好像航拍的镜头。江南大地，鸟啼声声，绿草红花相映。水边村寨，山路城郭，处处酒旗飘动。第二句的"风"字用得特别传神，作动词用，表示迎风飘动。后两句"南朝四百八十寺，多少楼台烟雨中。"这样的诗句也就杜牧写得出来，他的出身和才干使得他的诗歌有着对历史的敏感性。比如写赤壁，多少骚人墨客写过，但是杜牧的两句"东风不与周郎便，铜雀春深锁二乔。"却是我最欣赏的。

杜牧是谁？他出身名门望族的京兆杜氏，我们都知道贞观之治的"房谋杜断"指的是房玄龄、杜如晦，而其中的杜如晦和杜牧就是本家。杜牧的亲爷爷杜佑也官至宰相。杜牧自己呢，二十六岁进士及第，同年又中举登科，是个懂政治的读书人。他在江南烟雨中看到了南朝遗留下来的那么多寺院，不禁写下了"南朝四百八十寺，多少楼台烟雨中。"

东晋以后的南北朝，宋齐梁陈，五胡乱华，在东晋时期，中国的佛教发展非常迅速，著名的梁武帝还舍身同泰寺。如今的云冈石窟、龙门石窟也是南北朝的遗迹。第三句的"四百八十"是一个虚数，南朝的皇帝和大官僚好佛，在京城也就是今天的南京大建佛寺，据说建了五百多座寺院。

关于《江南春》这首绝句的主旨，很多人认为不仅仅是写景，而是借古讽今。南朝皇帝在中国历史上是以佞佛著称的，杜牧所处的晚唐时代佛教也是恶性发展。而杜牧在诗歌里只能委婉地表达了对统治者治国乏术和佛道误国的忧虑。

登乐游原

杜　牧

长空澹澹孤鸟没，
万古销沉向此中。
看取汉家何事业，
五陵无树起秋风。

【赏析】

　　首先，一听到《登乐游原》，大家马上想起李商隐最负盛名的五言绝句《登乐游原》："向晚意不适，驱车登古原。夕阳无限好，只是近黄昏。"乐游原：古代的地名，是长安城外的一片高地，是当时有名的游览胜地。早在汉朝就是皇家风景名胜区，当时叫"乐游苑"，当年汉宣帝与许皇后到此游览，乐不思归，后来许皇后难产早逝，就安葬在这里。再后来乐游苑因为地势高，以讹传讹，就变成了乐游原。唐朝时乐游原已经被圈进了长安城，成了长安城的制高点，都城风景尽收眼底。这样一块风水宝地，有无数文人墨客在乐游原驻足流连，留下了近百首有关乐游原的诗词。最著名的是李商隐的《登乐游原》，其次就应该是杜牧的这首《登乐游原》。

　　第一、二句，澹澹：安静，寂静；没：消失。天空广阔无边，一只飞鸟一会儿就消失在天际。销沉：形迹消失、沉没。古时的遗迹也像那孤鸟一样消失在这荒废的乐游原里。

　　第三、四句，回顾汉朝的雄基伟业，如今那五陵的树木都在萧瑟的秋风中。五陵：汉代五个皇帝的陵墓，在咸阳市附近。无树起秋风：树

-111-

都砍伐了，一切都在萧瑟的秋风之中。也有一说，"无树"是每一棵树。杜牧所处的时代是国运将尽的晚唐，尽管他有抱负，但是无法施展，很不得志。这首诗就反映了他的伤感和惆怅。两首诗都很惆怅，与李商隐比，但是杜牧的胸襟更开阔。

泊秦淮

杜 牧

烟笼寒水月笼沙，
夜泊秦淮近酒家。
商女不知亡国恨，
隔江犹唱后庭花。

【赏析】

《泊秦淮》是杜牧的代表作之一。南京的秦淮河也因为杜牧的这首诗家喻户晓，如今去南京旅游的人，中山陵、总统府要去看看，有点雅兴的还必定会去秦淮河走走，真所谓一首诗成就了一条河。南京，当时叫建康，是六朝都城，秦淮河穿过城中，流入长江，两岸酒家林立，是当时豪门贵族、官僚士大夫享乐游宴的场所。唐王朝的都城虽不在建康，但秦淮河两岸的景象却一如既往。

《沧浪诗话》说作诗"发句好尤难得"，也就是说一首诗第一句要不同凡响，我们来看看杜牧《泊秦淮》的第一句：那两个"笼"字就很引人注目。"烟""水""月""沙"四者，被两个"笼"字和谐地融合在一起，绘成一幅冷寂的水边夜色图，而且迷迷蒙蒙地就像梦境一般，这种梦幻感迷蒙感奠定了诗歌的基调——虚幻的、稍纵即逝的怀古诗的基调。

首句中的"月""水"和第二句的"夜泊秦淮"是相关联的，所以读完第一句，再读"夜泊秦淮近酒家"，就显得很自然。但如果就诗人的活动来讲，该是先有"夜泊秦淮"，方能见到"烟笼寒水月笼沙"的景色，不过要真的掉过来一读，反而会觉得平板无味了。诗中这种写法的好处是：首先它创造出一个很具有特色的环境气氛，给人以强烈的吸引力，造成先声夺人的艺术效果。

杜牧诗歌的逻辑关系是很强的。由于"夜泊秦淮"才"近酒家"，也正是由于"近酒家"，才引出商女的歌声。商女，是歌女。后庭花即《玉树后庭花》，是南朝陈后主陈叔宝做的曲子，与后宫美女寻欢作乐，荒淫误国，据说当年隋兵陈师江北，一江之隔的南朝小朝廷危在旦夕，而陈后主依然沉湎声色。因此陈叔宝被称为亡国之君，《玉树后庭花》也被认为是亡国之音。

诗说"商女不知亡国恨"，乃是一种曲笔，歌女她们唱什么并不是自己决定的，而是由听者就是那些达官显贵们的趣味而定，可见真正"不知亡国恨"的是那座中的欣赏者。诗中的歌女不知，其实是听者的知道，诗中的"歌女犹唱"，其实是听者的无所谓。如今在衰世之年，又有人不以国事为怀，反用这种亡国之音来寻欢作乐，这不禁使诗人产生历史又将重演的隐忧，这不就是杜牧在《阿房宫赋》里写道的："秦人不暇自哀，而后人哀之；后人哀之而不鉴之，亦使后人而复哀后人也。"

杜牧的《泊秦淮》用一首轻盈的流行歌曲，串起了沉重的兴亡之叹，笔法精湛，后来写秦淮的怀古诗没有出其右者，宋朝王安石在《桂枝春·金陵怀古里》写道："至今商女，时时犹唱，后庭遗曲。"这不就是对杜牧的致敬之作吗？

陇西行（其二）

陈　陶

誓扫匈奴不顾身，
五千貂锦丧胡尘。
可怜无定河边骨，
犹是春闺梦里人。

《陇西行》是乐府《相和歌·瑟调曲》旧题，内容写边塞战争。陇西指的是现在甘肃宁夏陇山以西地。诗中的无定河就在陕西的北部。

【作者】

陈陶，唐代诗人，字嵩伯。早年游学长安，研究天文学，学诗也颇有造诣。科举失利后，云游各地，大中年间（847—858），隐居洪州学仙，不知所终。

【赏析】

诗歌前两句简述战场的厮杀，"誓扫匈奴不顾身，五千貂锦丧胡尘。"第一句"誓扫""不顾身"展现了将士们勇敢无畏的气魄与视死如归的决心。第二句笔意突变，写战争的结局却是五千人阵亡。貂锦是汉朝御林军的装束，在此代指王牌军队。这样强大的军队竟有五千人牺牲，可见战况何等惨烈。

后面两句"可怜无定河边骨，犹是春闺梦里人。"这后两句笔锋再转，逼出真意。诗人把"河边骨"和"春闺梦"联系起来，写闺中妻子不知征人战死，仍然在梦中想见已成白骨的丈夫，使得全诗产生震撼心灵的悲剧力量。知道亲人死去，固然会引起悲伤，但确知亲人的下落，毕竟是一种告慰。而长年音讯杳然，征人早已变成无定河边的枯骨，妻子却还在梦境之中盼他早日归来团聚，这才是真正的悲剧。全诗虚实相对，宛若电影中的蒙太奇，用意工妙，诗情凄楚，读来潸然泪下。

夜雨寄北

李商隐

君问归期未有期，
巴山夜雨涨秋池。
何当共剪西窗烛，

却话巴山夜雨时。

【作者】

　　李商隐，字义山，是晚唐的代表诗人，二十多岁便考取进士，他原来也有很高的政治理想抱负，但一生都陷于党争，潦倒终生，四十多岁郁郁而终。李商隐所处的时代，正是唐代牛、李两派排挤倾轧最激烈的时候，他曾经依仗牛派进士及第，后与李派王茂元的女儿结婚，于是被牛党斥为背主忘恩，牛党掌权后，李商隐遭反攻倒算。他的婚姻生活还算美满，但是好景不长，他在四川幕府任职时夫人去世。政治上的冲突，情感上的失意，使得李商隐的诗歌呈现出忧愁悲伤的情调。

【诗题/词牌】

　　了解了李商隐的人生，再读这首诗，可能有不一样的感觉。以前读诗时，认为这是一首寄怀长安亲友的作品，当时李商隐在四川幕府里任职。我读诗时也没有读出多少伤感，只是读到了怀念。现在读诗又查阅一些史料，了解到李商隐一生漂泊，陷于党争，各地任职，不能与家人团聚，写这首诗有可能是写给家中的妻子的。因为路途远隔，音信不畅，李商隐的妻子王氏在当年的夏秋之交就已经亡故了，李商隐过了几个月才得知死讯，这是多么悲哀的事啊。所以这首诗又名《夜雨寄内》，"内"即内人，写给妻子的诗。

【赏析】

　　诗的开头两句以问答和对眼前环境的抒写，阐发了孤寂的情怀和对妻子深深的怀念。"君问归期未有期，巴山夜雨涨秋池。"你问我什么时候回去，我还没有确定的日子。此刻巴山的夜雨淅淅沥沥，雨水涨满了秋天的河池。夜雨涨秋池的意象非常美好，既是眼前景色，又寄托满满的相思之意。

　　后两句即设想来日重逢谈心的欢悦，反衬今夜的孤寂。"何当共剪西窗烛，却话巴山夜雨时。"什么时候我才能回到家乡，在西窗下我们一边剪烛一边谈心，那时我再对你说说，今晚在巴山客居时听着绵绵夜雨，我是多么寂寞，多么想念你！西窗剪烛也是一个非常温馨美好的场景，夫妻二人在西窗下互诉衷肠，通宵达旦，蜡烛都结了蕊花，于是二人一起剪烛，秉烛夜话，还是有道不完的心里话。

　　这首诗语言朴实，在遣词、造句上看不出修饰的痕迹。与李商隐的大部分诗词表现出来的辞藻华美，用典精巧，长于象征、暗示的风格不同，这首诗质朴、自然，同样也具有"寄托深而措辞婉"的艺术特色。

嫦　娥

李商隐

云母屏风烛影深，
长河渐落晓星沉。
嫦娥应悔偷灵药，
碧海青天夜夜心。

【赏析】

　　诵读的时候第一句的"烛"要念入声。叶嘉莹先生选的第二首李商隐的诗就是《嫦娥》，实际上她小时候非常喜欢这首诗。叶先生说她小时候家里没有正经地教她读诗，不过是丢给她一本《唐诗三百首》，让她一页一页背下来。她记得第一首是张九龄的《感遇》："兰叶春葳蕤，桂华秋皎洁。"不要说生字比较多，成人的很多情感小孩子也很难理解。于是她就往后翻，发现了这首李商隐的《嫦娥》。第一句，第二句的"云母屏风""长河渐落"她都能够理解。第三、四句提到的嫦娥、后羿的传说，她也都听过，所以非常喜欢这首诗。

　　我们一起来看一下。第一、二句，"云母屏风烛影深，长河渐落晓星沉。"透过装饰着云母的屏风，烛影渐渐暗淡下去。"长河"这里是指银河，银河也在静静地消失，因为银河不可能是落下去的，只是说随着天光渐亮而渐渐地看不见了，晨星沉没在黎明的曙光里。第三、四句，"嫦娥应悔偷灵药，碧海青天夜夜心。"这是李商隐的名句。月宫的嫦娥恐怕很后悔偷了后羿的长生不老药，不要以为长生不老成了仙就没有了烦恼，实际上嫦娥只有那青天碧海夜夜陪伴着她一颗孤独的心。

就内容而论，这是一首咏嫦娥的诗。实际上抒写的是处境孤寂的主人公对于环境的感受和心灵独白。一个是孤栖无伴的嫦娥，一个是清高而孤独的诗人，尽管仙凡悬隔，但在高洁而寂寞这一点上却灵犀暗通。

霜　月

李商隐

初闻征雁已无蝉，
百尺楼高水接天。
青女素娥俱耐冷，
月中霜里斗婵娟。

【赏析】

这首诗写的是深秋季节，在一座临水高楼上观赏霜月交辉的夜景。它的意思只不过说，月白霜清，给人们带来了寒凉的秋意而已。但是诗人丰富的想象力，清幽空灵的意境，让读者在28个字里领略义山诗的唯美倾向。

"初闻征雁已无蝉，百尺楼高水接天。"大雁春到北方，秋到南方，不惧远行，故称征雁。刚开始听到远行去南方的大雁的鸣叫声，蝉鸣就已经销声匿迹了，我登上百尺高楼，极目远眺，水天连成一片。

"青女素娥俱耐冷，月中霜里斗婵娟。"这两句里提到中国古代两个女神：青女是主管霜雪的女神；素娥是月神，月色白，所以月宫中的嫦娥也作素娥。婵娟：形容姿态美好，古代多用来形容女子，也指月亮，比如说"千里共婵娟"的"婵娟"。"青女素娥俱耐冷，月中霜里斗婵娟。"霜神青女和月中嫦娥不怕寒冷，在寒月冷霜中争艳斗俏，比一比冰清玉洁的美好姿容。

当然，我们从小学习语文经常被教导要去挖掘立意，所以在这首诗里你可以把耐寒高洁的素娥、青女理解为诗人隐以自喻。不过诗无达诂，我们不必过分解读，否则理解得过于滞塞，反而会缩小它的意义，降低它的美学价值。读诗品诗，可以在不同的层面，获得心灵的愉悦。

登乐游原

李商隐

向晚意不适，
驱车登古原。
夕阳无限好，
只是近黄昏。

【赏析】

在诵读的时候，我们按照叶嘉莹先生的读音，把第二句的"车"读它的古音 jū。

《登乐游原》是唐代诗人李商隐的一首五言绝句。前文我们介绍杜牧的同名诗作时，说过乐游原是长安城郊的一个高原，登上乐游原就可以俯瞰全城。乐游原是唐代游览胜地，直至中晚唐之交，乐游原仍然是京城人短途游的好去处。因为地势高便于览胜，文人墨客也经常来此做诗抒怀。唐代诗人们在乐游原留下了近百首珠玑绝句，历来为人所称道，例如李白的《忆秦娥·萧声咽》：

萧声咽，秦娥梦断秦楼月。
秦楼月，年年柳色，灞陵伤别。
乐游原上清秋节，咸阳古道音尘绝。
音尘绝，西风残照，汉家陵阙。

还有杜牧就至少写过两首乐游原的诗，我们的第 111 首《登乐游原》以及另一首是《将赴吴兴登乐游原一绝》：

清时有味是无能，
闲爱孤云静爱僧。

欲把一麾江海去，

乐游原上望昭陵。

但是要论用最简单的文字表达最丰富的内涵，可能诗人李商隐的这首诗是最脍炙人口的。前两句点出登原游览的原因：由于黄昏日暮心情不适，便驱车登上古原；后两句极力赞叹晚景之美。

李商隐的诗歌本来是以辞藻华丽、典故丰富、意境朦胧著称，我们习惯的是"沧海月明珠有泪，蓝田日暖玉生烟。"或者"身无彩凤双飞翼，心有灵犀一点通。"但是这首《登乐游原》不用典，语言明白如话，毫无雕饰，内涵丰富、感喟深沉，留给读者无限的解读空间。比如经典的最后两句"夕阳无限好，只是近黄昏。"我们可以这样理解，夕阳景美，但是黄昏将近，一切都将消失，沉入黑暗，美景是这样转瞬即逝，推而广之，人生不也是白驹过隙吗？再推而广之，大唐盛世不也是梦幻泡影一般吗？诗人将时代没落之感、家国沉沦之痛、身世迟暮之悲，一起熔铸于长空流丹、黄昏夕照下的景物画面中。

无　题

李商隐

八岁偷照镜，长眉已能画。
十岁去踏青，芙蓉作裙衩。
十二学弹筝，银甲不曾卸。
十四藏六亲，悬知犹未嫁。
十五泣春风，背面秋千下。

【赏析】

李商隐一生留下了将近 600 首诗，其中无题诗十几首，没有我们想象得那么多。很多人一提到李商隐，就会想到无题诗，因为李商隐的无题诗有特色，什么特色呢？朦胧美，没有人能够明确说出这首诗讲的是什么。

李商隐的无题诗大多是七律或者七绝，比如"昨夜星辰昨夜风""相见时难别亦难"这些，不过这首《无题（八岁偷照镜）》却是仿乐府五言古诗。

"八岁偷照镜，长眉已能画。"八岁的女孩已经知道爱美了，偷偷照镜画眉毛。"十岁去踏青，芙蓉作裙衩。"十岁和同伴一起踏青，美丽的衣裳就像芙蓉花。"十二学弹筝，银甲不曾卸。"这个女孩子不仅知道外在美，也在提升内在素养，十二岁修习古筝，日夜弹奏，银甲都不肯卸下（弹筝是需要指甲上戴银甲套保护指甲的）。"十四藏六亲，悬知犹未嫁。"按照中国古代的规矩，女孩子十四岁就是可以盘起头发嫁人了，就像《同桌的你》里面唱的，"谁盘起了你的长发，谁为你做了嫁衣。"这个"藏六亲"是说，按照古代社会的礼仪，女孩子十四岁可以出嫁了。到这个年龄就要特别慎重，即便是家族中的男性平常都不能随便见，这叫"十四藏六亲"。最难解的是那一句"悬知犹未嫁"，有很多解释。叶先生说，因为没有见面，只是听说她还没有出阁。"十五泣春风，背面秋千下。"到了十五岁，因为错过了谈婚论嫁的最佳年龄，女子坐在秋千上哭泣，而且不想让人看见。这最有名的一句，写尽了这个多情的女子对美好生活的向往，以及对现实的伤感与哀叹。

字面上看，这首《无题》好像就是写一个女子的成长，小朋友读诗理解到这里，就可以了。不过关于《无题》的主旨，千年而下，文坛众说纷纭，却诚无定论。有的人认为，这是李商隐写自己的初恋情人，这是索隐派的观点。还有人认为这是写他自己的才学以及在政治上的怀才不遇，他们认为李商隐写的爱情诗，就像自屈原以来的美人、香草之喻，其实都是在用爱情、艳情借喻臣子和君王之间的关系，那么诗人的示爱与哀怨，诗里的这一类浓郁的情感，其实就是在表达政治上的一种期望以及这种期望落空之后的失望情绪。这一派观点是文以载道派的观点，也说得通。总之，李商隐的《无题》诗可以理解为一种对命运的关照和因此而生的深深的叹息。诗人经受了政治生活上的沉沦，经受了人世间的悲苦，性格内向的他渐渐转向对内在精神世界的追寻，才写出了这样打动人心、千古不朽的《无题》诗来。

山亭夏日

高　骈

绿树阴浓夏日长，
楼台倒影入池塘。
水晶帘动微风起，
满架蔷薇一院香。

【作者】

我们以前读到的诗歌都是文人的诗歌，这一次分享的《山亭夏日》很有些小清新的气息，可是出人意料的是这是一位武将所创作的诗歌。据史料记载，高骈，是唐末大将，字千里，南平郡王高崇文之孙。幽州（今北京西南）人，经历唐僖宗两代，镇压过黄巢起义军，后拥兵扬州，割据一方。

【赏析】

《山亭夏日》用近似绘画的手法写山亭夏日风光，描绘了绿树阴浓、楼台倒影、池塘水波、满架蔷薇，诗人捕捉了微风之后的帘动、花香这些不易觉察的细节，传神地描绘了夏日山亭的悠闲与宁静。

"绿树阴浓夏日长"，第一句用绿树阴浓不经意地点明这正是夏日午时前后，就像《红楼梦》里写的"烈日当空，树阴匝地"，就是这个意思。"楼台倒影入池塘"，第二句只是写池塘里的倒影吗？这里其实是写夏日午后无风，水面才能平静如镜，诗人才能看到池塘内的楼台倒影。"入"字用得极好，既有拟人的手法，也赋予静态的画面以动感。

"水晶帘动微风起"，水晶帘又名水精帘，既可以是晶莹的"晶"，也有作精细的"精"，总之是一种质地精细而色泽莹澈的帘子。李白在《玉阶怨》中有提到："却下水晶帘，玲珑望秋月"。"满架蔷薇一院香"，上一句看见风了，因为帘子动了，这一句闻见风了，因为幽幽的花香满院子都洋溢开了。

这首诗清新明丽，已经被收录到上海市小学生语文教材。

台　城

韦　庄

江雨霏霏江草齐，
六朝如梦鸟空啼。
无情最是台城柳，
依旧烟笼十里堤。

【作者】

韦庄，晚唐五代的著名诗人，字端己，诗人韦应物的四代孙，花间派词人，词风清丽，有《浣花词》流传。四十几岁到长安应试科考，适逢黄巢攻入长安，为了躲避战乱，他流落到了江南，因此写一些凭吊六朝古迹的诗，《台城》就是其中流传众口的一首。

【赏析】

诗题的《台城》是一个地名，台城，也称苑城，在今南京市鸡鸣山南，原是三国时代吴国的后苑城，东晋成帝时改建。从东晋到南朝结束，这里一直是朝廷中央政府和皇宫所在地，既是政治中枢，又是帝王荒淫享乐的场所。中唐时期，昔日繁华的台城已是"万户千门成野草"；到了唐末，这里就更荒废不堪了。

"江雨霏霏江草齐，六朝如梦鸟空啼。无情最是台城柳，依旧烟笼十里堤。"第一句描写景色，烘托气氛。江面烟雨迷濛，江边绿草如茵。第二句回忆已经衰亡的六朝，只剩下鸟儿空啼。我们常说南京是六朝古都，指的是哪六朝呢？六朝即三国时代的孙吴、东晋、宋、齐、梁、陈。六朝如梦也罢，六朝金粉也罢，都是说几百余年，战乱频繁，六个王朝迭番更代，犹如走马灯一般，教人顿生目不暇接、梦幻泡影的感觉，兴衰骤变，靡丽繁华难以为继。

后两句以柳抒情，现在的台城不复当年繁华，但是十里长堤上的柳树依旧欣欣向荣，万世不改的自然景色与兴衰无常的浮华六朝形成一种强烈的对比。柳本无情物，诗人偏说它最无情，实际表现的是有情人的感伤，当时唐王朝覆亡之势已成，重演六朝悲剧已不可免。吊古诗常常借景抒情，借古喻今。韦庄的《台城》从头到尾采取侧面烘托的手法，显得含蓄蕴藉，余味悠长。

雨　晴

王　驾

雨前初见花间蕊，
雨后全无叶底花。
蛱蝶纷纷过墙去，
却疑春色在邻家。

【作者】

王驾，字大用，自号"守素先生"，唐代诗人。

【赏析】

这首七言绝句，是一首清新可爱的即兴小品，写诗人雨后花园所见的景象。诗中摄取的景物很平常，但平中见奇，饶有诗趣。

第一、二句，"雨前初见花间蕊，雨后全无叶底花。"春天刚刚降临，花才吐出花骨朵儿，尚未开放；而雨后，花事已了，只剩下满树绿叶了，说明这场风雨比较猛，好端端的春色，被一场春雨给扫了兴。

扫兴的不光是诗人，还有那蜜蜂和蝴蝶。我们看下两句："蛱蝶纷纷过墙去，却疑春色在邻家。"被苦雨久困的蜂蝶，满以为雨晴后可以在花丛中饱餐春色，不料扑了空，小园无花空有叶；它们也只好懊丧地纷纷飞过院墙而去。望着"纷纷过墙去"的蜂蝶，满怀着惜春之情的诗人，刹那间产生出一种奇妙的联想："却疑春色在邻家"。这两句诗，不仅把蜜蜂、蝴蝶追逐春色的神态，写得活灵活现，更把"春色"写活了，似乎"阳春"真的有脚，她不住自家小园，偏偏跑到邻家，春天是多么调皮、爱捉弄人啊。

最后这句"却疑春色在邻家"，可谓"神来之笔"，令人顿时耳目一新。经它点化，小园、蜂蝶、春色，一齐焕发出异样神采，妙趣横生。

淮上与友人别

郑　谷

扬子江头杨柳春，
杨花愁杀渡江人。
数声风笛离亭晚，
君向潇湘我向秦。

【作者】

郑谷，唐朝末期著名诗人，字守愚，汉族，江西宜春人，人称郑都官。

这首诗是诗人在扬州（即题中所称"淮上"）和友人偶遇之后分手时所作。和通常的送行不同，这是一次各赴前程的握别：友人渡江南往潇湘（今湖南一带），自己则北上长安。

【赏析】

"扬子江头杨柳春，杨花愁杀渡江人。"杨花即柳絮；愁杀：愁绪满怀。一、二两句即景抒情，画面很疏朗，淡淡几笔，像一幅清新秀雅的水墨画。一般说来，文章忌讳重复，但是这首绝句前两句中"扬子江头""杨柳春""杨花"这些同音字的有意重复，却让人不感到滞重，反而构成了一种回环往复，有点歌行体的味道，使人读来既感到感情的隽永，又不显得过于沉重。

"数声风笛离亭晚，君向潇湘我向秦。"风笛：风中传来的笛声；离亭：驿亭，古代供人休息或在此送别的路边亭子，所以称为"离亭"。三、四两句，从江头景色收转到离亭别宴。驿亭宴别，酒酣情浓，席间吹奏起了凄清的笛曲，说不定就是象征着别离的《折杨柳》。天色不知不觉地暗了下来，分别的时间到了。两位朋友在沉沉暮霭中互道珍重，各奔前程。"君向潇湘我向秦"。诗到这里，戛然而止，富有韵味。

杂　诗

佚　名

近寒食雨草萋萋，
著麦苗风柳映堤。
等是有家归未得，
杜鹃休向耳边啼。

【赏析】

这是唐代流传下来的一首绝句，作者已不可考，所以称无名氏。这首绝句还很有名气，收录在《唐诗三百首》。

这首杂诗前两句节奏非常独特，叶嘉莹先生是这样说的：讲解按照文法，诵读按照格律。什么意思呢？比如第一句，讲解它的意思，节奏应该是：近寒食/雨/草萋萋：将近寒食，春雨绵绵，芳草萋萋。读诵的时候按照格律，那就应该是：近寒/食雨/草/萋萋，即二二一二的节拍。

"近寒食雨草萋萋，著麦苗风柳映堤。"寒食，清明节前两天为寒食节。将近寒食，春雨绵绵，芳草萋萋，春风吹拂，麦浪滚滚，堤上杨柳依依，这明明是一派春意盎然的景象。然而作者却寄居他乡，有家归不得，乐景衬哀情。看下面两句："等是有家归未得，杜鹃休向耳边啼。"这是为什么呢？我却有家归去不得，杜鹃啊，不要在我耳边不停地悲啼。等是：为何，等于。

杜鹃：鸟名，即子规、布谷它的叫声像是在说"不如归去"，所以很容易引发游子的乡愁。

【小知识】

寒食节，清明节前一二日，禁烟火，只吃冷食。这一天还有祭扫、踏青等风俗。寒食节的起源据史籍记载：春秋时期，晋国公子重耳为躲避祸乱而流亡他国长达十九年，大臣介子推始终追随其左右、不离不弃，甚至"割股啖君"。重耳流亡期间，生活困苦，天天吃野菜，难以下咽，介子推背（bèi）着重耳割下自己大腿上一块肉煮在野菜汤里，重耳狼吞虎咽吃下去，后来才知道是忠臣介子推"割股啖君"。重耳励精图治，成为一代名君晋文公。重耳成功之后，介子推却不求利禄，他是个大孝子，就与母亲归隐绵山，晋文公为了迫使其出山相见而下令放火烧山，介子推坚决不出山，最终被火焚而死。晋文公感念忠臣之志，将其葬于绵山，修祠立庙，并下令在介子推死难之日禁火寒食，以寄哀思，这就是"寒食节"的由来。如果大家还记得，唐朝诗人的韩翃写过《寒食》，这里也和大家复习一下：

> 春城无处不飞花，
> 寒食东风御柳斜。
> 日暮汉宫传蜡烛，
> 轻烟散入五侯家。

江行无题

钱 珝

> 万木已清霜，
> 江边村事忙。
> 故溪黄稻熟，
> 一夜梦中香。

【作者】

钱珝，晚唐诗人。字瑞文，吴兴（今浙江湖州）人，是钱起的曾孙。钱起是谁？他也是大历十才子之一，他的名句是"曲终人不见，江上数峰青。"总之，钱珝是很有家学的一位诗人。

【赏析】

诵读的时候，第三句最后一个字"熟"要念入声。《江行无题》是钱珝的组诗作品，共一百首，都是五言绝句，是作者被贬为抚州司马赴任途中的见闻。整组诗画面广阔，仿佛一幅万里长江的巨幅长卷，在唐诗中非常罕见。

诗题中的"江行"就是沿江而行。"万木已清霜，江边村事忙。""村事"指农事。秋天到了，树叶上已有清霜，江边稻子熟了，农民们正在忙着收割。"故溪黄稻熟，一夜梦中香。""故溪"指故乡的苕溪（在今浙江省湖州一带）。诗人从江边所见的秋收农忙，想到家乡稻熟的情景。此时家乡苕溪两岸，也是稻熟金黄了吧，昨夜睡梦中还闻到金谷飘香呢！诗中洋溢着诗人对家乡的思念之情。

全诗四句，无一字言思乡，而思乡之情自现。尤其是"一夜梦中香"一句，生动新颖，感情充沛，余味无穷，把相思写透、写绝了！可谓不着一字，尽得风流。

江上渔者

范仲淹

江上往来人，
但爱鲈鱼美。
君看一叶舟，
出没风波里。

【作者】

范仲淹，字希文，世称范文正公。范仲淹是北宋名臣，政治家、军事家、文学家、思想家，有刚直不阿敢言之名，曾多次上书批评当时的宰相，因而三次被贬。范仲淹有《范文正公集》传世。我们特别熟悉的是他的《岳阳楼记》。他的诗词辞赋风格深沉壮阔，一扫唐末五代的艳丽之风。

【赏析】

《江上渔者》是范仲淹的一首五言绝句。这首小诗指出江上来来往往饮酒作乐的人们，只知道品尝鲈鱼味道的鲜美，却不知道、也不想知道打鱼人出生入死，同惊涛骇浪搏斗的危境与艰辛。

这首诗没有华丽词藻，没有艰字僻典，没有斧迹凿痕，以平常的语言，平常的人物、事物，表达不平常的思想、情感，产生不平常的艺术效果。尤其最后一句"出没风波里"，有一种直指人心的震撼力。

画眉鸟

欧阳修

百啭千声随意移，
山花红紫树高低。
始知锁向金笼听，
不及林间自在啼。

【作者】

欧阳修，字永叔，号醉翁、六一居士，江西吉州永丰人，北宋政治家、文学家，可以说是北宋文坛的领袖。谥号文忠，世称欧阳文忠公。后人又将其与韩愈、柳宗元和苏轼合称"千古文章四大家"，与韩愈、柳宗元、苏轼、苏洵、苏辙、王安石、曾巩被世人称为"唐宋散文八大家"。

【赏析】

　　欧阳修在晚年曾经多次提出辞官，但均未获得允许。特作此诗以表达自己久居庙堂、羁鸟念林的愿望，但是多少表现出一点政治上失意的忧郁心情。

　　诗的前两句写景：画眉鸟千啼百啭，一高一低舞姿翩翩，嫣红姹紫的山花更是赏心悦目。后两句抒情：看到那些关在笼里的鸟儿，真羡慕飞啭在林间的画眉鸟，自由自在，无拘无束。写画眉实是写自己，画眉鸟的百啭千声表达的是归隐山林、不受羁绊的心曲。看山花烂漫、叶木葱茏，管什么金带紫袍；无限的欣喜快慰如山间清流泻出，洗尽俗尘，只余下悦耳的音韵流转。全诗运用了对比手法：前两句（写自由自在、任意翔鸣的画眉）与后两句（写陷入囚笼、失去了自由的画眉）构成对比。

　　作为北宋文坛盟主文坛泰斗的欧阳修，他的散文黄钟大吕，名扬天下，今天我们读他的七绝《画眉鸟》却有一种轻巧灵动的感觉，如果下次再学习他的词作《蝶恋花·庭院深深深几许》《生查子·元夕》又会对欧阳修有另一种了解。

题何氏宅园亭

王安石

荷叶参差卷，
榴花次第开。
但令心有赏，
岁月任渠催。

【作者】

　　王安石，字介甫，晚号半山，抚州临川人，世称临川先生，北宋杰出的政治家、思想家、文学家、大诗人、改革家，"唐宋散文八大家"

之一，谥号"文"。宋神宗时宰相，创新法，改革旧政，世称王安石变法。文学上的主要成就在诗，其诗"学杜得其瘦硬"，擅长于说理与修辞，善于用典故，风格遒劲有力，警辟精绝，也有情韵深婉的作品，比如这首《题何氏宅园亭》。

【赏析】

诗歌的第一、二句描写初夏的风景，"荷叶参差卷，榴花次第开。"这是新荷初长，所以叶子高高低低，还有娇嫩卷曲着的，这让我想起李群玉的《新荷》最后两句："半在春波底，芳心卷未舒。"石榴花呢，也一波一波地开放。这两句的"参差次第"，给初夏的植物于动感，让人更加感觉荷叶榴花的绰约风姿。

第三、四句抒情，"但令心有赏，岁月任渠催。"只要心里有追求，小了说，可以是一个小小的爱好，大了说，可以是愿意终生投入的事业，任凭光阴的流逝，你会无怨无悔，乐在其中。

南 荡

王安石

南荡东陂水渐多，
陌头车马断经过。
钟山未放朝云散，
奈此黄梅细雨何。

【赏析】

在诵读的时候要注意，第二句的"车"（chē）是俗音，在古诗文中"车"一般念 jū，有时也念 chā，压六麻韵。"经过"里的"过"念 guō。

诗题中的"荡"，就是浅水湖，这是王安石诗作中并不特别出名的一首七绝，我特意买了《王安石诗文鉴赏辞典》，居然也没有提到这首诗。

不过叶嘉莹先生推荐给孩子读，还是有她的道理的，这是一首朴实地写景写物候的诗。

前两句，"南荡东陂水渐多，陌头车马断经过。""陂（bēi）"是指池塘，南荡东陂都是沼泽湿地，长安城附近的美陂湖就是唐代著名的风景名胜。初夏时节，梅雨淅淅沥沥，南荡东陂的水都涨起来。水淹没了路，所以车马不能通行。

第三、四句，"钟山未放朝云散，奈此黄梅细雨何。"连日梅雨，钟山上面云起袅绕，完全没有要放晴的迹象，能拿这南方的黄梅雨怎么办呢？

王安石晚年隐居金陵，就是现在的南京，在钟山的山腰上建房子，钟山就是现在的紫金山，所以自号半山。这首诗大概是写于王安石在钟山闲居的日子，看着江南的梅雨，有感而发，生动自然，尤其后两句。

王安石今存诗 1530 多首，钱钟书先生说历史上即使反对王安石变法，或否定其为人的人，也不能不推重他在文学上的造就，尤其是他的诗。希望我们在学习了收录本书的十一首诗后会得出同样的结论。

封舒国公三首（其二）

王安石

桐乡山远复川长，
紫翠连城碧满隍。
今日桐乡谁爱我，
当时我自爱桐乡。

【赏析】

我们前面讲过王安石官至丞相，封为舒国公，后又改封荆国公，这首诗就是他晚年被封作舒国公时写的，他当时在什么地方呢？这个地方大概位于浙江嘉兴附近，叫桐乡。桐乡，有绵延的山，有长流的水，"桐乡山远复川长"；满城各种花花草草，到处的绿水，"紫翠连城碧满隍"；我当年曾经在桐乡做官，我今天回到桐乡，不知还有人记得我吗？"今日桐乡谁爱我"；当年我曾在这里做过官，对这里情感深厚，"当时我自爱桐乡"。

欧阳修写过十首《采桑子》，中间有一首小词，也表达了类似的感情："平生为爱西湖好，来拥朱轮。富贵浮云，俯仰流年二十春。归来恰似辽东鹤，城郭人民，触目皆新，谁识当年旧主人。"欧阳修曾在颍州西湖做过官，他喜欢这里，晚年又回到这儿来，所以说当年"为爱西湖好"。"归来恰似辽东鹤"，像丁令威那样化鹤归来。丁令威，辽东人，学道于灵虚山，后成仙化鹤归来，落城门华表柱上。"城郭""皆新"，城市也改了面目。"富贵浮云，俯仰流年二十春。"我当年曾经在这里做过主官，爱过这里的人民，关怀过他们，但是现在没有一个人认识我了。"今日桐乡谁爱我，当时我自爱桐乡"，表达的也是同样的心情。

北陂杏花

王安石

一陂春水绕花身，
花影妖娆各占春。
纵被春风吹作雪，
绝胜南陌碾成尘。

【赏析】

诗题中的"陂"有好几种读音，在这里要念 bēi，"陂"就是池塘，这里是指池边或者池中的小洲。杏花的形象鲜艳、绚丽而不落凡俗，傍水的杏花更是风姿绰约、神韵独绝。这首小诗所描写的"北陂杏花"正是临水开放的，这种清幽的环境使得杏花别具异质。第一句"一陂春水绕花身"正描绘的这种异质，"绕"字以其独有的轻柔、圆转之美赋予春水爱花、惜花的人格力量。第二句"花影妖娆"是说杏花树上繁花似锦、妖娆美丽。

水中的倒影荡漾，同样妖娆美丽，树上水下相映生辉、相得益彰。"各占春"是说每一朵杏花都包含着浓郁的春意。

王安石晚年退居林下，淡然自得，他对于水中杏花倒影的欣赏正好反映了他在这种特殊心境下对于虚境理想的追求。如果说前两句主要书写了诗人恬淡的情志，那么后两句，"纵被春风吹作雪，绝胜南陌碾成尘"，便带有几分悲壮的色彩。鲜艳的杏花花瓣纵然被春风吹落，也会像雪花一样飘落在清澈的春水上，她纯洁的芳魂不会被玷污。春水上涨，也许还有机会伴随流水到天涯。相比较而言，那开放于车水马龙的南陌边上的杏花结局怎么样呢？她们将被马蹄车轮碾得粉身碎骨，变成尘土，这是多么可悲。

最后两句我们可以这样理解，"作雪"与"成尘"分别是高尚与污浊的象征。王安石原先积极推行新法，后来又被迫闲居江宁，处境虽然不同，但是他的政治理想与高尚情操，实未尝有移。为了坚持自己的理想而献身，这是诗人一贯的宗旨。"纵被""绝胜"语气坚决、悲壮，与屈原的九死未悔的精神极为相似。王安石晚年曾眼看着自己亲手制定的新法被一一废止，他虽外表平淡，但内心极其痛楚。寓悲壮于闲淡的艺术风格正是这种思想的深刻反映。

北　山

王安石

北山输绿涨横陂，
直堑回塘滟滟时。
细数落花因坐久，
缓寻芳草得归迟。

【赏析】

最后一句的"得"字要念入声。王安石晚年隐居金陵，筑室于钟山（今紫金山）的山腰，因此自号半山。钟山也叫北山，这首《北山》就是写他住在钟山时的闲适心情。这首诗的写作时间大概是王安石与苏轼相会之后。这一年，苏轼从他被贬谪的黄州迁至汝州，途经金陵，便同王安石相会。这时，王安石正赋闲在家，变法的失败、爱子的夭殇、皇帝的厌憎交织在一起，因此情绪十分感伤。在他是红极一时的宰相时，颇为清高的苏轼罕登其门，现在苏轼的到访让他极为感动。他亲往迎接，二人同游钟山，诗酒唱和，相处甚欢。他们在一起谈诗、诵佛，没有再去过多地纠缠昔日的政治恩怨。王安石还邀请苏轼也搬到金陵居住，以便两人成为邻居。金陵相会，使苏轼更加了解了安石的为人，后来他逢人就称赞："不知更几百年，方有如此人物。"

我们再来看王安石《北山》这首诗：北山绿色的山泉涨满山塘，笔直的沟渠和曲折回环的池塘里的水在阳光下闪闪发光。静静地坐下，细数落花，看见残花一瓣两瓣飘落地上，待坐倦了，缓缓回家去，一路走，一路看花寻草，走走停停，悠然适然。

这首诗反映的悠闲意境，抒写了诗人神离尘寰、心无挂碍的超脱情怀。苏轼的和韵之作《次荆公韵四绝》则更为出名，表达了同这位政敌兼诗友王安石彻底和解的诚意，体现了这位伟大诗人宽容和仁爱的情怀：

骑驴渺渺入荒陂，
想见先生未病时。
劝我试求三亩宅，
从公已觉十年迟。

两年后，王安石去世。

书湖阴先生壁

王安石

茅檐长扫净无苔，
花木成畦手自栽。

一水护田将绿绕，

两山排闼送青来。

【诗题 / 词牌】

《书湖阴先生壁》是王安石题在杨德逢屋壁上的一首诗。杨德逢，别号湖阴先生，是王安石退居金陵(今江苏南京)时的邻居和经常往来的朋友。

【赏析】

茅草庭院经常打扫，洁净得没有一丝青苔。花草树木成行成垄，都是主人亲手栽种。庭院外一条小河保护着农田，并且环绕着农田；打开门来，两座大山为人们送去绿色。排闼是推开门的意思。

这首诗的三、四句是千古传诵的一联警句，我们一起来看看它好在哪里？在修辞技巧上，诗人运用了对偶、拟人、借代的修辞手法，把山水描写得有情且有趣。对偶不必说了，一眼就看出来对偶工严，拟人借代在哪里？山水本是无情之物，可诗人说水"护田"，山"送青"，水对田有一种护惜之情，山对人有一种好客之意，这就使本来没有生命的山水具有了人的情思，显得柔婉可爱，生动活泼。本来水是环绕着绿色的农作物，但诗人没说具体的植物，而是用植物的色彩绿来代替，说"将绿绕"，环绕着绿意；青色，也是虚的，是没法送的，诗人却说山要"送青来"，这就化实为虚，诗意盎然。事实是湖阴先生的房屋与山距离很近，主人开了门，就会看见青苍的山峰。可如果写成开门见青山，那就全无诗味了，诗人换了个说法，从对面落笔，让山做了主语，化静为动，顿成佳句，这真是巧思妙想，令人拍案叫绝。

另外，三、四句的"护田"和"排闼"都是用典，典故均出自《汉书》，是严格的"史对史"，可见诗人工细精严，但是读来浑然天成，貌似未尝用力。"用事"而不使人觉，这正是其成功之处啊。

赠外孙

王安石

南山新长凤凰雏，
眉目分明画不如。
年小从他爱梨栗，
长成须读五车书。

【赏析】

这首《赠外孙》是我们所学王安石诗歌中我个人最喜欢的，因为明白晓畅，同时也饱含教育的深意。诗题就告诉我们诗人家里添了一个外孙，诗人疼爱外孙，并指出了读书特别是博览群书对于成长的重要性。

第一、二句"南山新长凤凰雏，眉目分明画不如。"我的小外孙就像南山上新生的小凤凰一样，眉目清秀得比画上的还好看。凤凰雏：指幼小的凤凰。这里用来比喻作者的外孙。雏，指幼小的动物，多指鸟类。

这里有个典故：晋朝时期，陆机的弟弟陆云六岁时就能作文，文气逼人，因此年少时就与哥哥齐名，虽然文章没有陆机那么优美，但是论点十分犀利。一次一位有学问的老先生看见陆云感慨地说："此儿若非龙驹，当是凤雏"。所以"龙驹凤雏"的成语就流传下来，比喻英俊秀颖的少年。《红楼梦》第十五回北静王恭维贾政的儿子宝玉就说："令郎真乃龙驹凤雏，非小王在世翁前唐突，将来'雏凤清于老凤声'，未可量也。"

第三、四句"年小从他爱梨栗，长成须读五车书。"在他小时候就让他想吃什么就吃什么，想干什么就干什么，但是年纪稍大些就必须读很多的书。从：放纵，放任（通假字：通"纵"）。五车（chē）：形容书之多，语出《庄子·天下》"惠施多方，其书五车"。成语"学富五车"即源于此。

江　上

王安石

江北秋阴一半开，
晚云含雨却低徊。
青山缭绕疑无路，
忽见千帆隐映来。

【赏析】

　　王安石晚年辞官闲居于南京，也就是当时的江宁府，王安石住在城东门与钟山之间的"半山园"，饱览山光水色，写了不少精致淡雅的山水绝句。连黄庭坚也称赞："荆公暮年作小诗，雅丽精绝，脱去流俗。"

　　这首《江上》就是他写泛舟江上所见的景物。特别要提醒大家的是，南宋诗人陆游的《游山西村》中"山重水复疑无路，柳暗花明又一村"的名句，就是由王安石的《江上》生发出来的名句，不信，你仔细对一下。

　　"江北秋阴一半开，晚云含雨却低徊。"首句令人想见雨过天晴，阴云半开，一抹蓝天已带上了晚霞的辉光，给人一种悠远的感受。次句用拟人的手法将黄昏时的云雾写活了。"低徊"本指人的徘徊沉思，这里却用来表现含雨的暮云低垂而缓慢地移动，情趣横生，静中有动。在低首徘徊的雨云之下，有一个低首徘徊的诗人在。这两句写的是天边的远景，后两句呢？

　　"青山缭绕疑无路，忽见千帆隐映来。"第三、四句从天边转到江边的青山，写出了江行的特殊感受，诗人放眼远望，视野虽然遇到"青山缭绕疑无路"的阻塞，却又在"忽见千帆隐映来"中，视野变得豁然畅通了。整首诗不仅有景，而且景中有人、景中有意，蕴深邃的哲理于寻常景物之中，启人遐思，耐人寻味。

游钟山

王安石

终日看山不厌山，
买山终待老山间。
山花落尽山长在，
山水空流山自闲。

【赏析】

这首诗表达的是王安石变法失利后，辞去相位退居金陵，日游钟山时的所见所感。

这首《游钟山》很少有人谈到，人们耳熟能详的王安石诗歌是《泊船瓜洲》《元日》《书湖阴先生壁》等。但《游钟山》确实是王安石诗歌中非常优秀而有特色的作品，这首诗最突出的特色是在短短的四句二十八个字中，"山"字出现了八次，一个字在如此短小的篇幅中出现得如此频繁，在整个中国古典诗歌中是很罕见的。可以说，王安石正是借助于这个"山"的反复运用，不仅达到了回环反复的效果，在形式上取得了特殊的美感，而且在内涵上形成了特殊的意蕴。

诗的一到四句构成了一个逻辑关系，即因为"终日看山不厌山"，所以才有"买山终待老山间"的想法与举动；又因为"买山终待老山间"，可以更认真细致地看山，所以又才有"山花落尽山长在，山水空流山自闲。"这种不同的人生境界，所以八个"山"字起着特殊的作用。

第一句里"终日看山不厌山"，暗用了李白"相看两不厌，只有敬亭山"的诗意。既然终日都看不厌烦，那么由此可见钟山是多么有魅力。第二句是用买山的行为来说明钟山的美丽，而"终待老"三字更加突出了这种魅力。这两句写的就是眼前的山。后两句所写的山，就不仅仅是山本身，"花凋零""水空流"，而山依然还是那座山，它就像一位得道的高人，去掉了所有的浮躁与华美，进入了神完气足、闲静自在的境界。

这首诗表面上看来是在写山，但实际上却在写人；写眼前的景色，同时也写人的境界和持守。

松 江

王安石

来时还似去时天，
欲道来时已惘然。
只有松江桥下水，
无情长送去来船。

【赏析】

这首诗和前面学过的《封舒国公三首（其二）》很相似，那首是说嘉兴的桐乡，这首诗是再次来松江的所见所感，也是王安石晚年时的作品。据叶嘉莹先生解读，诗题中的松江就是上海西南郊的松江，恰巧就是我平时去给学生上课的地方。

王安石写这首诗的心情就是四个字：物是人非。来去松江，心情是不同的，可是天色是一样的，桥下流水也是一样的。接下来分享几句古诗词中抒发物是人非伤感的名句：

六朝文物草连空，天淡云闲今古同。——杜牧

闲云潭影日悠悠，物换星移几度秋。阁中帝子今何在？槛外长江空自流。——王勃

人世几回伤往事，山形依旧枕寒流。——刘禹锡

物是人非事事休，欲语泪先流。——李清照

诗人的心思是敏感的，常人每日经过松江桥，日复一日，从来不会想到水的无情或有情，而诗人王安石会说出"只有松江桥下水，无情长送去来船。"

泊船瓜洲

王安石

京口瓜洲一水间，
钟山只隔数重山。
春风又绿江南岸，
明月何时照我还。

【赏析】

　　《泊船瓜洲》是王安石创作的一首七言绝句。其中"春风又绿江南岸，明月何时照我还"，千百年来一直为人所传颂。除此之外，大家对这首诗的背景、诗人改诗的功夫就不大清楚了。今天我们一起来了解一下。

　　这首诗作于熙宁八年，当时王安石第二次拜相入京。原来宋神宗熙宁三年王安石被任命为宰相，开始推行变法，后来遇到各种阻力，熙宁七年王安石被罢相，出任江宁知州，第二年，也就是熙宁八年王安石奉神宗之命，再次入京。《泊船瓜洲》这首诗就写于王安石北上返京、船行到瓜洲之时。

　　"京口瓜洲一水间，钟山只隔数重山。"这两句写船中所望。王安石这次北上，是从江宁出发，就是南京，然后经过长江，到了瓜洲，然后转运河，继续北上。首句"京口瓜洲一水间"，以愉快的笔调写出了他从京口渡江，抵达瓜洲，一水间三个字，说明舟行迅疾，顷刻即到。次句"钟山只隔数重山"，以依恋的心情写他对钟山的回望，第一次罢相后他就寓居江宁钟山，那里算是他的家。

　　第三句"春风又绿江南岸"，描绘了江岸美丽的春色，寄托了诗人浩荡的情思。其中"绿"字是经过精心筛选的，极富于表现力。据《容斋续笔》的记载，有人收藏有王安石诗稿的草稿，一开始是写"又到江南岸"，圈去"到"字，又改为"过"，又圈去，改为"入"，后来又改为"满"，如此改了十几个字，才确定为"绿"字。现在看来，只有"绿"字最为精警，这是古人所谓"文字频改，功夫自出"。王安石这次复相返京，他还是充满期待的，"春风又绿江南岸"，既是写景，也是指皇恩浩荡，写自己对政局的一种期待，希望凭借这股温暖的春风驱散政治上的寒流，开创变法的新局面。但是第四句"明月何时照我还"，就有些和第三句不和了，明明第三句是斗志满满的，怎么末句却是急转直下、思归的心情呢。这其实是诗人的一种矛盾心理，对前途未卜的焦虑和不安，他预感到变法绝对不会顺利，他对变法抱有深深的担忧，联想到江宁一年闲适的生活，他不禁流露出退居林下的愿望。

从字面上看，该诗是流露着对故乡的怀念之情，大有急欲飞舟渡江回家和亲人团聚的愿望，其实在字里行间也蕴含他重返政治舞台、推行新政的强烈愿望。

饮湖上初晴后雨二首（其二）

苏　轼

水光潋滟晴方好，
山色空蒙雨亦奇。
欲把西湖比西子，
淡妆浓抹总相宜。

【作者】

我们有的时候会把西湖叫做西子湖，知道为什么吗？这首诗《饮湖上初晴后雨二首（其二）》会告诉我们西湖和西子湖的文学姻缘。这全要归功于苏轼。苏轼，字子瞻，号东坡居士，世称苏东坡、苏仙，四川眉州眉山人，北宋著名文学家、书法家、画家。

苏轼是宋代文学最高成就的代表，并在诗、词、散文、书、画等方面取得了很高的成就。其诗清新豪健，善用夸张比喻，独具风格，与黄庭坚并称"苏黄"；其词开豪放一派，与辛弃疾同是豪放派代表，并称"苏辛"；其散文著述宏富，豪放自如，与欧阳修并称"欧苏"，为"唐宋八大家"之一。苏轼也擅长书法，为"宋四家"之一；他还工于画，尤擅墨竹、怪石、枯木等。

【赏析】

诗题中的"湖"是指西湖，写于诗人任杭州通判期间。《饮湖上初晴后雨》的"饮"是指在西湖上饮酒，"初晴后雨"表示一开始是晴天，后来又下起了雨。为此诗人其实写了两首诗，这两首诗又以第二首广为流传，此诗不是描写西湖的一处之景、一时之景，而是对西湖美景的全面描写概括品评，尤其是后两句，被认为是对西湖的最恰当评语。

我们一起看一下第一、二句，"水光潋滟晴方好，山色空蒙雨亦奇。"晴天，西湖水波荡漾，在阳光照耀下，光彩熠熠，美极了。下雨时，远处的山笼罩在烟雨之中，时隐时现，眼前一片迷茫，这朦胧的景色也是令人神往的。诗人写晴天美雨天美，目的就是夸西湖的水美山美。西湖是一个三面环山的淡水湖，周围群山属于天目山余脉。西湖之美首先在水，其次在连绵不绝的群山，西湖的美在于山水相连，相得益彰。苏轼熟悉西湖，欣赏西湖，赞美西湖，因为他具备一双审美的眼睛和一颗挚爱西湖的心灵，这是他的西湖诗词写得极有特色的原因。

后两句，"欲把西湖比西子，淡妆浓抹总相宜。"如果把美丽的西湖比作美人西施，那么淡妆也好，浓妆也罢，总能很好地烘托出她的天生丽质和迷人神韵。

【小知识】

西子是中国四大美女之首，四大美女分别是西施、王昭君、貂蝉和杨玉环。诗人把美景比美人，把西湖比喻成人间的绝色美女西施，这就是道前人所未道，发前人所未发。但是苏轼的这首诗并不是以美人喻山水的唯一之作，同时代的王观的词《卜算子·送鲍浩然之浙东》最令人难忘的是"水是眼波横，山是眉峰聚。欲问行人去那边？眉眼盈盈处。"王观以美人的眉眼来比喻山水的艺术创造，成就了他的这首词。同样，苏轼把西湖比喻成西施，用一个奇妙而又贴切的比喻，写出了西湖的神韵。诗人之所以拿西施来比西湖，不仅是因为二者同在越地，名字里同有一个"西"字，同样具有婀娜多姿的阴柔之美，更主要的是她们都具有天然美，不用借助外物，不用粉饰雕琢，随时都能展现美的风致。西施无论浓施粉黛还是淡描娥眉，总是风姿绰约；西湖不管晴姿雨态，还是花朝月夕，都美妙无比，令人神往。这个比喻得到后世的公认，从此，"西子湖"就成了西湖的别称。

惠崇春江晚景二首（其一）

苏 轼

竹外桃花三两枝，
春江水暖鸭先知。
蒌蒿满地芦芽短，
正是河豚欲上时。

【诗题 / 词牌】

首先，诗题告诉我们这是一首题画诗，就是在画的空白处由画家本人或其他人题写的一首诗，比较著名的有今天我们学习的《惠崇春江晚景二首（其一）》，还有我们后面会学到的元代王冕的《墨梅》："吾家洗砚池头树，个个花开淡墨痕。不要人夸好颜色，只留清气满乾坤。"

诗题中的惠崇是北宋初年的一个和尚，著名的诗僧，也擅长画画，春江晚景有两幅画，一幅是"鸭戏图"，第二幅是"飞雁图"。这首诗就是鸭戏图的题画诗，可惜惠崇的两幅画没有流传下来，有意思的是苏轼的题画诗却千古传诵。

还有一个小问题，这首诗的诗题到底是《惠崇春江晚景》？还是《惠崇春江晓景》？因为不少读者小时候语文课本里就是用《惠崇春江晓景》，这是因为不同注本有不同意见，叶嘉莹先生采用了《惠崇春江晚景》，我们这里也采用《惠崇春江晚景》。

【赏析】

　　题画诗一般有两点要求，第一必须紧扣画面，第二要富于想象，否则诗里写的都是画里画的，就没有必要题诗了。诗的前两句：竹林外两三枝桃花初放，鸭子在水中游戏，是它们最先察觉了初春江水的回暖。可以肯定竹林、桃花、戏水的鸭子都是画上应该有的，但是要写出那么富有哲思的名句"春江水暖鸭先知"确实说明苏轼想象力、认知能力的非凡，虽然还是初春，但是戏水的鸭子已经感觉到江水温度的变化，这就是所谓见微知著、一叶知秋啊。

　　第三、四句：河滩上已经满是蒌蒿，芦笋也开始抽芽，而河豚此时正要逆流而上，从大海回游到江河里来了。尤其是第四句，惠崇的画里应该没有画河豚，更没办法画"河豚欲上"，河豚欲上就是苏轼的想象，但是是合理的想象，初春正是河豚将要逆流而上的时节。河豚内脏有毒，处理不当，食用可致命，但是河豚肉质鲜美，吴地之人一直视之为美味佳肴，我们知道苏轼是一位美食家啊，流传至今的东坡肉、东坡肘子就是明证。在这首小诗里苏轼写了蒌蒿、芦笋，写了河豚欲上，不仅写出了春天的可视，也写出了春天的可食，表达了诗人对春天美景美食的喜爱和向往，而且正是因为写了河豚，使得他的这首诗特别有"吃货"的生活情趣。

题西林壁

苏　轼

横看成岭侧成峰，
远近高低各不同。
不识庐山真面目，
只缘身在此山中。

【赏析】

　　苏轼于神宗元丰七年因"乌台诗案"获罪，由黄州贬迁汝州团练副使，赴汝州时经过九江，与友人同游庐山。他在《庐山纪游》一文中记载了庐山七首诗的写作经过，根据这篇文章的记载，苏轼这次游山看到了山谷奇秀，应接不暇，遂发意不欲作诗，就是不打算写诗，而是定心看景。但是见到山中僧侣对他非常热情，用现在的话说，那些人都是他的粉丝啊，苏轼四十几岁诗名已经很盛，所以他禁不住写了一首《绝句》，后来一发不可收，一共写了七首，《题西林壁》就是压轴之作。

这首苏轼的题壁诗，我们大家都很熟悉，前两句描述了庐山不同的形态变化。庐山横看绵延逶迤，崇山峻岭郁郁葱葱连绵不绝；侧看则峰峦起伏，奇峰突起，耸入云端。从远处和近处不同的方位看庐山，所看到的山色和气势又不相同。后两句写出了作者深思后的感悟：之所以从不同的方位看庐山，会有不同的印象，原来是因为"身在此山中"。

古诗可以抒情言志议论，还可以说理，到宋朝尤其是苏轼，出现了以言理为特色的新诗风。这首《题西林壁》就是这样一首经典的哲理诗。"当局者迷，旁观者清"的哲理蕴含在对庐山景色的描绘之中，不着痕迹，含蓄蕴藉。

再举一例，王之涣的《登鹳雀楼》其实也可以理解为一首哲理诗，最后两句"欲穷千里目，更上一层楼"，给了人们很多人生启示，让我们懂得了平台的高低和眼界高下的关系。

望湖楼晚景

苏　轼

横风吹雨入楼斜，
壮观应须好句夸。
雨过潮平江海碧，
电光时掣紫金蛇。

【赏析】

第一句末一个字"斜"要念 xiá，第二句中的"观"要念仄声 guàn。"观"字在古诗词中有两个读音，作动词用，念第一声；作名词用，比如本诗，念第四声。最后一句句末的"蛇"字也是押麻韵，念 shá。

诗题中的望湖楼又叫看经楼，位于杭州西湖畔。北宋文豪苏轼酷爱此楼，写过《六月二十七日望湖楼醉书五首》，说"望湖楼下水连天"，感叹"故乡无此好湖山"，因此，这"望湖楼"便名扬天下了。今天我们学习的《望湖楼晚景》也是一组诗，共有五首，这是其中第二首。

前两句"横风吹雨入楼斜，壮观应须好句夸。"诗人坐在望湖楼上，看到一阵横风斜雨，直扑进望湖楼来，很有一股气势，使他陡然产生要拿出好句来夸一夸这种"壮观美景"的想法。"雨过潮平江海碧，电光时掣紫金蛇。"雨过以后，向楼外一望，天色暗下来了，潮水慢慢向上涨，钱塘江浩阔如海，一望如碧玉似的颜色。远处还有几朵雨云未散，不时闪出电光，就像时隐时现的紫金蛇。

苏轼的这首诗可以理解为单纯写眼前景物，也可以理解为对人生的顿悟：开头时气势很猛，好像很有一番热闹，不料这场大雨，来得急，去得快，转眼间却是雨收云散，就好像戏台上拉开帷幕之时，大锣大鼓，大家以为下面定有一场好戏，谁知演员还没登场，帷幕便又落下，毫无声息了，弄得大家白喝了彩。其实不止自然界是这样，人世间的事情，往往也是如此的。

最后我们一起欣赏一下《六月二十七日望湖楼醉书五首》的第一首，也是上海小学生语文课本收录的苏轼的一首七绝：

六月二十七日望湖楼醉书五首（其一）

黑云翻墨未遮山，

白雨跳珠乱入船。

卷地风来忽吹散，

望湖楼下水如天。

夏日绝句

李清照

生当作人杰，
死亦为鬼雄。
至今思项羽，
不肯过江东。

【作者】

李清照，号易安居士，山东济南章丘人。宋代（南北宋之交）女词人，婉约词派代表，有"千古第一才女"之称。用现代的话说，她的词往往弥漫着哀愁忧郁的小资情调，比如"物是人非事事休，欲语泪先流。"比如"莫道不消魂，帘卷西风，人比黄花瘦。"又比如"花自飘零水自流，一种相思，两处闲愁。"但是没想到她也能诗，留存不多，情辞慷慨，与其词风不同，《夏日绝句》就是代表。

【诗题／词牌】

靖康二年（1127），金兵入侵中原，掳走徽、钦二帝，就是宋徽宗、宋钦宗，还抓走了不少皇亲国戚，当时正担任河北兵马大元帅的康王赵构，在应天府登基，但是登基后的赵构并不想收复失地，而是如惊弓之鸟，望风南逃。李清照在这样的历史背景下写下了这首千古绝唱。也有一说，认为李清照的《夏日绝句》是对丈夫的失望而做。李清照之夫赵明诚出任建康知府，一天夜里，城中爆发叛乱，赵明诚不思平叛，反而临阵脱逃。李清照为国为夫感到耻辱，在路过乌江时，有感于项羽的悲壮，创作此诗。

【赏析】

这首五言绝句，是一首咏史怀古诗，我在查阅资料后，发现短短20个字里李清照用了两处典故。前两句"生当作人杰，死亦为鬼雄。"生时应当做人中豪杰，死后也要做鬼中英雄。"人杰"，人中的豪杰。这里用的是《史记·高祖本纪》里刘邦的典故。刘邦当上皇帝后，有一天设宴款待百官，他在庆祝宴会上提了一个非常有名的问题：我能打败项羽、夺取天下的原因是什么呢？大臣们当然对他高唱赞歌，结果刘邦对他们的回答都不满意，他说：决胜千里，运筹帷幄，我有张良；安抚百姓、保障供给，我有萧何；战必胜攻必取，我有韩信。他们三位是当今天下的"人杰"，我能够重用他们才是我取得胜利的主要原因。《夏日绝句》中李清照把项羽比作人杰，人中豪杰，完全不以成败论英雄。鬼雄：鬼中的英雄。屈原《国殇》中："身既死兮神以灵，子魂魄兮为鬼雄。"为国献身的英雄就是死后也是百鬼中的雄杰。结合这前两句，李清照对项羽给予了极高的评价。

后两句"至今思项羽，不肯过江东。"到今天人们还在怀念项羽，因为他不肯苟且偷生，退回江东。江东即项羽当初随叔父项梁起兵的地方。项羽战败垓下，逃至乌江，原打算东渡乌江的，刚好乌江亭长划了小船迎上来，告诉他江东之地虽不大，但是也有几十万，足够称王了，何况现在只有他有船，汉军来了也无法渡江。这时项羽听了他的话，反而放弃了渡江的念头。项羽笑着说："老天要我死，我还渡什么江，当年我率领八千江东子弟渡江西进，现在无一人生还，即使江东父老宽容我，我还有什么颜面见他们呢。"于是他把宝马送给亭长，把头颅送给已经投降刘邦的部下，悲壮地自刎而死。

李清照借古讽今，正气凛然，掷地有声，此诗出自女性之手，实在是压倒须眉了。

秋思三首（其一）

陆 游

乌桕微丹菊渐开，
天高风送雁声哀。

诗情也似并刀快，

剪得秋光入卷来。

【作者】

陆游，字务观，号放翁，越州山阴（今绍兴会稽）人，南宋文学家、史学家、爱国诗人。陆游生逢北宋灭亡之际，一生忧国忧民。陆游笔耕不辍，诗词文俱有很高成就，他的诗兼具李白的雄奇奔放与杜甫的沉郁悲凉，饱含爱国热情，对后世影响深远。

【赏析】

这里选录的《秋思三首（其一）》是一首即景诗，比较好理解。这首诗写于嘉泰三年，这年陆游七十九岁，居住在山阴故乡。

前两句"乌桕微丹菊渐开，天高风送雁声哀"。乌桕，落叶乔木，秋天树叶经霜变红色。乌桕上面的树叶渐渐变成红色，菊花也渐次盛开。天气晴朗，风声传来大雁的哀鸣。诗人借物写景，以富有代表性的典型景物，如乌桕、菊花、鸿雁、天空等，生动明快地描绘出一幅有声有色、形象鲜艳的秋景图。接下来诗人表达了自己轻松愉悦的诗情。

"诗情也似并刀快，剪得秋光入卷来。"并刀，又称并州剪，并州以产剪刀著名。诗情也像并州的剪刀一样快，将秋色尽皆写入诗篇。这个比喻非常新奇，其实前人已有类似用法，比如杜甫有诗句："焉得并州快剪刀，剪取吴淞半江水。"作者以"并刀"比喻"诗情"的敏锐，给人以清新的感觉；一个"剪"字，锤炼精当，化无形为有形，把无形的诗情比喻成锋利有形的剪刀，新颖别致，充分表现了诗人构思的敏捷。

示　儿

陆　游

死去元知万事空，

但悲不见九州同。

王师北定中原日，

家祭无忘告乃翁。

【作者】

陆游是一位非常多产的诗人，自言"六十年间万首诗"，存世的诗有九千三百余首。《示儿》为陆游的绝笔，作于宋宁宗嘉定二年十二月（公元 1210 年元月）。此时陆游八十五岁，一病不起，在临终前，给儿子们写下了这首诗。这既是诗人的遗嘱，也是诗人发出的最后的抗战号召。陆游出生的第二年，北宋就灭亡了，他的一生都在盼望着收复失地，王师北定。诗题《示儿》就是"写给儿子们看"。

【赏析】

"死去元知万事空，但悲不见九州同。"元知，原本知道，其中"元"通"原"；万事空，什么也没有了；但，即"只是"；悲，指"悲伤"；九州，此处代指宋代的中国，古代中国分为九州，所以常用九州指代中国；同，表"统一"之意。我本来知道，当我死后，人间的一切就都和我无关了；唯一使我痛心的，就是我没能亲眼看到祖国的统一。

"王师北定中原日，家祭无忘告乃翁。"王师，指南宋朝廷的军队；北定，意为将北方平定，收复失地；中原，是指淮河以北被金人侵占的地区；家祭，祭祀家中先人；无忘，即"不要忘记"；乃翁，你的父亲，指陆游自己。当朝廷军队收复中原失地的那一天到来之时，你们举行家祭，千万不要忘记把这好消息告诉你们的父亲！

这首诗传达出诗人临终时复杂的思想感情，表现了诗人一生的心愿，倾注了诗人满腔的悲慨，既有对抗金大业未就的无穷遗恨，也有对神圣事业必成的坚定信念。清代贺贻孙在《诗筏》里是这样评价陆游的《示儿》："率意直书，悲壮沉痛，孤忠至性，可泣鬼神。"

四时田园杂兴

范成大

昼出耘田夜绩麻，
村庄儿女各当家。
童孙未解供耕织，
也傍桑阴学种瓜。

【赏析】

在朗读时，"出""织""学"念入声。《四时田园杂兴》是南宋诗人范成大退居家乡后写的一组大型的田园诗，分春日、晚春、夏日、秋日、冬日五部分，每部分各十二首，共六十首。诗歌描写了农村春、夏、秋、冬四个季节的景色和农民的生活。《四时田园杂兴》题意：四个时节田园的各种兴致和活动，我们选取的这首是范成大《夏日田园杂兴》十二首中的第七首。

首句"昼出耘田夜绩麻"，白天下田去除草，晚上搓麻线。耘田，即除草。初夏，水稻田里秧苗需要除草，这是男人们干的活。绩麻，是指妇女们在白天干完其他的活后，晚上就搓麻线，织成布。这句直接写劳动的场面。次句"村庄儿女各当家"，儿女，即男女，全诗用老农的口气，儿女是指年轻人，男女都不得闲，各司其事，各管一行。

第三句"童孙未解供耕织"，童孙，指孩子们，他们不会耕也不会织，却也不闲着。他们从小耳濡目染，喜爱劳动，于是就有了"也傍桑阴学种瓜"，在茂盛成阴的桑树底下学种瓜。这是农村中常见的现象，颇有特色。尾句表现了农村儿童的天真情趣。

在这里，我们再分享一首范成大《夏日田园杂兴》十二首中的第一首，尤其前两句把农田写得颜色缤纷：

梅子金黄杏子肥，

麦花雪白菜花稀。

日长篱落无人过，

惟有蜻蜓蛱蝶飞。

春日六绝句

杨万里

雾气因山见，

波痕到岸消。

诗人元自懒，

物色故相撩。

【作者】

　　杨万里，字廷秀，号诚斋，吉州吉水（今江西省吉水县）人。南宋杰出诗人。官至秘书监，一生力主抗金，收复失地。他因正直敢言，屡遭贬抑，晚年闲居乡里长达十五年之久，与尤袤、范成大、陆游合称"南宋中兴四大诗人""南宋四大家"。

【赏析】

　　我个人感觉，叶嘉莹先生非常推崇杨万里，他的诗歌在这本诗选里一共选取了17首，这是一个惊人的数字，叶先生是把杨万里摆在和李白、杜甫几乎同等的位置。在诗选里，李白诗选了17首，杜甫诗选了17首，其他一些耳熟能详的诗人的诗歌里，白居易的诗选了6首，苏轼的诗也只选了4首。

　　这首诗是杨万里《春日六绝句》当中的第三首，押"萧"韵。

　　"雾气因山见，波痕到岸消。"我们怎么知道有雾呢？因为有高山，高山的面前我们才能看到云雾缭绕，水面上的波痕到了岸边就没有了。此两句诗在写山和水。

"诗人元自懒，物色故相撩。"诗人我本来不想作诗的，可是这美好的山光水色撩动了我的诗情。

二月十一日夜梦作东都早春绝句

杨万里

道是春来早，
如何未见春。
小桃三四点，
偏报有情人。

【诗题/词牌】

诗题很长，但是明白如话。二月十一日这一天晚上做梦，写下了洛阳早春绝句。东都是洛阳，西都是长安。这首杨万里的五绝不是很知名，但是诗句和诗题一样明白晓畅，适合孩子们吟诵。

【赏析】

"道是春来早，如何未见春。"都说今年春天来得早，但是我怎么没有感受到春意呢？

"小桃三四点，偏报有情人。"桃枝上零星的小花蕾，也许是只为有心寻春的人而生的吧。

大雕塑家罗丹说过，"生活中不是缺少美，而是缺少发现美的眼睛。"用来解释这首诗也很有道理，春天不是没有到来，春意是留给善于发现的眼睛的。杨万里的"小桃三四点"，多么明快可爱，把枝头悦动的春意活脱脱描摹了出来。

同样是写在若有若无的初春发现春意，杨巨源是这样写的："诗家清景在新春，绿柳才黄半未匀。"刘方平是这样写的："今夜偏知春气暖，虫声新透绿窗纱。"韩愈是这样写的："天街小雨润如酥，草色遥看近却无。"

道旁竹

杨万里

竹竿穿竹篱，
却与篱为柱。
大小且相依，
荣枯何足顾。

【小知识】

吟诵的时候，第一句两个"竹"字都应该读入声，但是第一个"竹"字是第一句第一个字，平仄不重要，因为不是声韵的重点，可以念入声，也可以照常规念。举个例子，杜甫的名句"江碧鸟逾白"，"白"字要念入声；而王之涣的名句"白日依山尽"的"白"字就不一定念入声。

也许有些读者不太理解。为什么不按照现在普通话的读音来读古诗词呢？叶嘉莹先生特地为此做了说明，她不是按照古人的读法在读，只是遵循诗词本身的平仄规律。感情一定是跟声音结合在一起的，不把它的声音读准确，那么这首古诗的感情、感动的力量就会减少，或者说，就会把一首诗一半的生命抽空。我本人是教授外国语言文学的，对中国文学、中国古典文学知之甚少，但是我愿意按照叶嘉莹先生的诵读方式来传播这种学习古诗词的方法。

【赏析】

这首诗前两句写眼前景物。"竹竿穿竹篱，却与篱为柱。"有一道竹篱笆，从篱笆中生出一支竹子，竹子慢慢长大，竟然成了竹篱笆的依靠，支撑着竹篱笆。

"大小且相依，荣枯何足顾。"后两句做一些议论。竹篱与竹竿，一个大，一个小，一个是枯竹，一个是新竹，相依为命，和睦相处。

短短 20 个字，仿佛为读者画了一幅道旁竹的图画，是静物画，但是满满的都是生趣。

宿新市徐公店二首（其一）

杨万里

篱落疏疏一径深，
树头新绿未成阴。
儿童急走追黄蝶，
飞入菜花无处寻。

【诗题 / 词牌】

　　《宿新市徐公店二首》是杨万里的组诗作品，作者途经新市这个地方，略作停留，投宿在徐公店。徐公店就是姓徐的人家开的酒馆旅店。"公"是古代对男子的尊称。见景生情，有感而发，诗人于是赋写这组诗。

【赏析】

　　"篱落疏疏一径深，树头新绿未成阴。""篱落"，就是篱笆。"疏疏"，指稀疏、稀稀落落的样子。"一径深"，就是一条小路很远很远。在稀稀落落的篱笆旁，有一条小路伸向远方，路边的树上花已凋落，而新叶却刚刚长出，没有形成树阴。

　　关于第二句有两个版本，一是"树头新绿未成阴"，另一版本是"树头花落未成阴"，似乎还是第二个版本更多见于语文课本。

　　这首诗前两句写农村景色，是静态描写，后两句写儿童和蝴蝶，是动态描写。"儿童急走追黄蝶，飞入菜花无处寻。"一个孩子奔跑着去扑一只黄蝴蝶，可蝴蝶飞到菜花丛中后就再也找不到了。

　　全诗所摄取的景物极其平淡普通，所描绘人物的活动也极为平常，但由于采取景物与人物相结合、动静相间的写作手法，成功地刻画出农村恬淡自然、宁静清新的景象。杨万里被罢官后长期村居，对农村生活十分熟悉，所以描写自然，真切感人，别有风趣。

最后，我们一起了解一下该组诗的另一首：

春光都在柳梢头，
拣折长条插酒楼。
便作在家寒食看，
村歌社舞更风流。

雨后田间杂纪

杨万里

田水高低各斗鸣，
溪流奔放更欢声。
小儿倒捻青梅朵，
独立茅檐看客行。

【诗题/词牌】

诗题非常明确，这是诗人雨后在田间的所见所闻，诗人杨万里一共写了五首《雨后田间杂纪》，这是第二首。

【赏析】

前两句写景，后两句写人。一般来说，景是静的，人是动的。在这首《雨后田间杂纪》里，杨万里却写出了动的景物和相对比较静止的人物。

第一、二句："田水高低各斗鸣，溪流奔放更欢声。"田间的水和溪流的水，因为地势不平，地势有高低，而汩汩奔流，诗人用拟人的手法写出水的欢声。这个背景是热闹的、活泼的。

第三、四句："小儿倒捻青梅朵，独立茅檐看客行。"小孩子闲来无事，手里捻着一朵青梅，呆呆地站在茅檐底下看过往的行人。可以想象，田间屋头哪里有多少客人，不过是孩子打发时光。乡居生活，节奏很慢，一句"小儿倒捻青梅朵，独立茅檐看客行。"把闲适、恬淡的乡居情调都摹写了出来。

在学习杨万里的诗歌之前，我说过叶嘉莹先生特别推崇杨万里，一本书里收录了 17 首杨诗。实际上，不一定是叶嘉莹先生多么推崇杨万里的文学成就，倒是杨万里的许多诗歌很适合儿童学习，诗中有儿童的身影，有儿童的生趣。前一首"儿童急走追黄蝶，飞入菜花无处寻。"这是调皮奔跑的儿童；这一首"小儿倒捻青梅朵，独立茅檐看客行。"这是安静的儿童，而且是有点小浪漫的儿童。接下来一首《舟过安仁（其三）》又描绘出什么样的儿童呢？

舟过安仁（其三）

杨万里

一叶渔船两小童，
收篙停棹坐船中。
怪他无雨都张伞，
不是遮头是使风。

【赏析】

诗人杨万里乘船路过安仁县（现在的江西省余江县）时，看到两个孩童以伞当帆来使船前进。诗人被孩童的稚气和可爱感染，从而创作了此诗。

"一叶渔船两小童，收篙停棹坐船中。"这是诗人看到的情景。一只渔船上有两个小孩子，他们收起了竹竿，停下了船桨，坐在船中。这是很奇怪的事情，诗人心中由此产生了疑问：到底孩子们要干什么呢？

"怪他无雨都张伞，不是遮头是使风。"怪不得没下雨他们就张开了伞，原来他们不是为了遮雨，而是想利用伞当帆让船前进。我们可以想象，诗人知道了原因，为什么孩子们坐船中，为什么撑伞，他一定是哑然失笑，因为孩童的天真和聪明。

全诗都是写儿童的稚气行为。诗人非常善于利用儿童稚态，起到了点化诗境的效果。当然，我们也可以从此诗看出诗人的童心不泯以及当时闲适的心情。

南溪弄水回望山园梅花

杨万里

梅从山下过溪来，
近爱清溪远爱梅。
溪水声声留我住，
梅花朵朵唤人回。

【诗题 / 词牌】

这首杨万里的诗也不是太出名，诗题很明确，"南溪弄水，回望山园梅花"有两组动词——"弄水"和"回望"，写诗人在南溪溪边的所看所想。

【赏析】

"梅从山下过溪来，近爱清溪远爱梅。"盛开的梅花从山下一直长到小溪边，诗人这个时候的方位，一定是站在溪的这一边，诗题也告诉我们他在南溪弄水。所以他说，"近爱清溪远爱梅"，近处的溪水我喜欢，远处溪对岸的梅花我也喜欢。

"溪水声声留我住，梅花朵朵唤人回。"这边的溪水潺潺欢声，好像要挽留住诗人，对岸的梅花朵朵争艳，仿佛在呼唤诗人。

杨万里的小诗善用动词。"梅从山下过溪来"的"过"字写出了梅花繁盛的特点，诗人的想象力赋予梅花以人的情感，一句"梅从山下过溪来"把梅花急切过溪唤"我"回去的情态活灵活现地描摹出来。后两句的叠词"声声""朵朵"，既突出殷切之情，又富于音韵之美。溪水声声不停，像在热情地挽留诗人，梅花朵朵争艳，像是急切地呼唤诗人。在诗人的笔下，溪水、梅花都有了人的情感，人在自然中，和谐闲适。

晓出净慈寺送林子方

杨万里

毕竟西湖六月中，
风光不与四时同。
接天莲叶无穷碧，
映日荷花别样红。

【诗题/词牌】

在诵读时，第四句的"别"字要念入声。描写杭州西湖美丽景色的诗特别多，杨万里这首诗是诗中有画、画中有诗的典范。先看看诗题。"晓出"，是太阳刚刚升起。"净慈寺"全名"净慈报恩光孝禅寺"，与灵隐寺并称为杭州西湖南北山两大著名佛寺。林子方是诗人的朋友，官居直阁秘书。

有一些诗，让一些默默无闻的人也非常有名，比如"赠汪伦"的汪伦，"送林子方"的林子方。从诗题看，这是一首送别诗。仔细读，你会发现诗人描写了杭州西湖六月的美景，通过对西湖美景的赞美，曲折地表达了对友人深情的挽留。

【赏析】

前两句："毕竟西湖六月中，风光不与四时同。""毕竟"是"到底"。"六月中"是指六月的时候。"四时"是春、夏、秋、冬四个季节，这里指六月以外的其他时节。到底是西湖六月天的景色，风光与其他季节确实不同。

后两句："接天莲叶无穷碧，映日荷花别样红。""接天"是指像与天空相接那样。"无穷碧"，因莲叶面积很广，似与天相接。"映日"，指太阳映照。荷叶接天望不尽一片碧绿，阳光下荷花分外艳丽鲜红。像杨万里写诗这么晓畅，有的时候我觉得白话文译文都是多此一举。

"接天莲叶无穷碧，映日荷花别样红。"是这首诗最出名的两句。诗人用一"碧"一"红"两种颜色，突出了莲叶和荷花给人的视觉带来的强烈冲击力；同时，诗人的语言也很有气势，描写阴柔的西湖能有这样阔大的境界，真的很难得。莲叶无边无际仿佛与天宇相接，气象宏大，既写出莲叶之无际，又渲染了天地之广阔。"映日"与"荷花"相衬，又使整幅画面绚烂生动。

小　池

杨万里

泉眼无声惜细流，
树阴照水爱晴柔。
小荷才露尖尖角，
早有蜻蜓立上头。

【诗题／词牌】

诗题告诉我们，诗人要写的是一个小小的池塘，全诗都围绕一个"小"、一个"爱"字展开，一个小小的泉眼、几支小小的荷叶、一只小小的蜻蜓，泉眼爱细流，树阴爱晴柔，四句诗构成一幅生动的小池风物图，表现了大自然中万物之间亲密和谐的关系。

【赏析】

开头两句"泉眼无声惜细流，树阴照水爱晴柔"，把读者带入了一个玲珑剔透、柔和宜人的境界。一道细流从泉眼中缓缓流出，没有一点声音；池畔的绿树在斜阳的照射下，将树阴投入水中，明暗斑驳，清晰可见。一个"惜"字，化无情为有情，仿佛泉眼是那么爱惜涓涓细流；一个"爱"字，给绿树以生命，似乎它是喜欢这晴柔的风光，才以水为镜，展现自己的绰约风姿。

第三、四两句，诗人好像一位高明的摄影师，拍摄了一个妙趣横生的镜头："小荷才露尖尖角，早有蜻蜓立上头。"时序还未到盛夏，荷叶刚刚从水面露出一个尖尖的角，一只小小的蜻蜓就金鸡独立，立在了上面。一个"才露"，一个"早立"，前后照应，逼真地描绘出蜻蜓与荷叶相依相偎的情景。现在"小荷才露尖尖角"也经常被用来比喻富有生命力的新生事物。

杨万里一生作诗两万多首，但只有四千二百首流传下来，被誉为"一代诗宗"。杨万里的诗歌大多描写自然景物、乡居生活，他主张"师法自然"，创造了语言浅近明白、清新自然、富有幽默情趣的"诚斋体"。这首《小池》就是诚斋体的代表作之一。

小 雨

杨万里

雨来细细复疏疏，
纵不能多不肯无。
似妒诗人山入眼，
千峰故隔一帘珠。

【赏析】

在诵读时，第四句"隔"字要念入声。《小雨》这个诗题太平常，我们来看看杨万里怎么写。

"雨来细细复疏疏，纵不能多不肯无。"小雨稀稀疏疏，飘飘洒洒；你下又下不大，停又不肯停下，到底是什么缘故呢？

"似妒诗人山入眼，千峰故隔一帘珠。"你是不是妒忌我太喜欢欣赏那远处的青山？所以故意从檐下组成一层珠帘，遮住那千峰万崖。

生活中的小事，自然界的景物，到了杨万里的笔下，总是充满无穷的情趣。这首绝句写小雨，雨本是无情之物，杨万里偏要赋予它与人相同的感情，于是使诗充满了新鲜感。

诗的前两句刻画小雨，说丝丝细雨，稀稀拉拉地下着，既下不大，又不肯停下。首句以两组叠字描画小雨的情况，非常传神。第二句从雨量上写，不能多，又不肯无，那便是小雨。即使是小雨，下久了，在屋上、树丛中也都渐渐地凝聚成水珠，滴落下来。三、四句便写这样的情况。诗人换用拟人手法，说自己生平喜欢看山，这雨似乎对自己产生了妒意，组成一张珍珠般的帘子，把千峰万崖给遮挡。说雨"妒"，诗人是在调侃，但这调侃非常有意思，因为"雨"的"妒"，挂上了珠帘，使原本的景色似乎更加优美。

雨中的青山也正是杨万里追求的意境，他在《秋雨叹》中也这样写道：横看东山三十里，真珠帘外翠屏风。

你看，这就是诗人。他们对大家看惯了的万物总是保持着一种关怀和敏感，所以经常能够发现生活中新鲜的情趣。

闲居初夏午睡起二绝句（其一）

杨万里

梅子留酸软齿牙，
芭蕉分绿与窗纱。
日长睡起无情思，
闲看儿童捉柳花。

【赏析】

在诵读时，第三句的最后一个字要念仄声，"思"作动词用，念第一声，作名词就要念仄声；最后一句"捉柳花"的"捉"要念入声。诗题告诉我们，这是诗人初夏午睡后写的两首绝句的第一首。春去夏来，日长人倦，我们一起看看这首诗选用了哪些物象来表现初夏这一时令特点，诗中有没有哪一个字最能表达诗人的情绪。

第一、二句："梅子留酸软齿牙，芭蕉分绿与窗纱。"梅子味道很酸，吃过之后，余酸还残留在牙齿之间；"芭蕉分绿"就是拟人的手法，"与窗纱"的"与"，表示"给予"，芭蕉初长，绿荫已经映衬到纱窗上。

后两句："日长睡起无情思，闲看儿童捉柳花。""无情思"就是没有情绪。午睡后起来，百无聊赖，闲着无事观看儿童捕捉空中飘飞的柳絮。

这首诗选用了梅子、芭蕉、柳花这些物象来表现初夏的时令特点。闲居的诗人，在初夏长长的午睡之后，在绿荫环抱的庭院里，悠闲地看着儿童捕捉空中飘飞的柳絮。诗中的一个"闲"字，不仅把诗人心中的那份恬静闲适和对乡村生活的喜爱之情淋漓尽致地表现了出来，而且非常巧妙地呼应了诗题《闲居初夏午睡起》。

闲居初夏午睡起二绝句（其二）

杨万里

松阴一架半弓苔，
偶欲看书又懒开。
戏掬清泉洒蕉叶，
儿童误认雨声来。

【赏析】

在朗读时，第二句"看书"的"看"要念平声。杨万里一共写了两首《闲居初夏午睡起》绝句。第一首诗写芭蕉分绿，柳花戏舞，诗人午睡初起，当看到追捉柳絮的儿童时，童心复萌；第二首绝句，诗人从室内走出到室外，看到什么？又做了什么呢？

"松阴一架半弓苔，偶欲看书又懒开。"松阴之下不见太阳，所以长着半弓的苔藓，想看书可又懒得去翻开。第一句的"半弓"即"半弓之地"，形容面积极小，"弓"是古时丈量土地的器具，后来成为丈量土地的计算单位，一弓等于五尺。

"戏掬清泉洒蕉叶，儿童误认雨声来。"百无聊赖中，诗人掬起泉水去浇芭蕉叶，那淅淅沥沥的水声惊动了正在玩耍的儿童，他们还以为骤然下起雨来。"掬"就是双手捧东西的样子。

后两句以诗人的闲散无聊与儿童的天真烂漫相比较，一个"戏"字，一个"误"字，起到相互映衬的作用，情致宛然，写出了诗人的恬静闲适，也看得出诗人多么善于捕捉生活中美好的瞬间。

入常山界二首（其二）

杨万里

昨日愁霖今喜晴，
好山夹路玉亭亭。
一峰忽被云偷去，
留得峥嵘半截青。

【赏析】

注：在诵读时，第四句的"截"字要念入声。诗题很明白，我们的诗人进入了常山的地界，这是一首写登山所见的诗歌。

第一、二句："昨日愁霖今喜晴，好山夹路玉亭亭。"昨天下雨，让人愁闷，今天好欢喜，因为天晴了。天晴了就去爬山，山路旁山色青青，高高耸立，所以叫"玉亭亭"。

第三、四句："一峰忽被云偷去，留得峥嵘半截青。"山峰被白云遮住了一大截，山色就剩下半截是青色的，这里的"峥嵘"就是指山的高峻。

【小知识】

杨万里的诗我们一口气学了13首，大家有没有一些感性认识呢？杨万里不像李商隐那样，写景也有深隐的情意，他凭借的是敏锐的观察和敏捷的联想，创作出语言浅近、清新自然、富有幽默情趣的诚斋体，而且他非常善于描写自然景物。杨万里最早学习的是江西诗派，他自己也是江西人，后来，他发现与其写诗一味模仿，缺乏灵气，不如顺其自然，倒也意尽诗来，诚斋体就这样水到渠成了。在中国诗歌创作的历史上，继西昆体之后，就有了以杨万里的名字命名的诚斋体。"诚斋"当然是杨万里书斋的名字。杨万里的诗，是自然的诗，是活泼的诗。不信，你再把这首并不出名的《入常山界二首（其二）》读一下。

春暖郡圃散策三首（其三）

杨万里

春禽处处讲新声，
细草欣欣贺嫩晴。
曲折遍穿花底路，
莫令一步作虚行。

【诗题 / 词牌】

说起这首杨万里的诗，诗句倒不难理解，难就难在诗题。什么叫散策？"散"就是散步，"策"是一个竹杖，"散策"指的就是拄着一根竹杖去散步。

【赏析】

在诵读时，还有两个字容易读错。"曲折遍穿花底路"的"折"要念入声。"莫令一步作虚行"的"令"有两个读音，作名词时念 lìng（同"命令"的"令"）；作动词时念 líng，这里念 líng，表示"使……如何"的意思。

第一、二句："春禽处处讲新声，细草欣欣贺嫩晴。"说的是郡圃里看到春草欣欣向荣，听到春禽处处鸣叫。春禽就是春鸟，春天的鸟。

第三、四句："曲折遍穿花底路，莫令一步作虚行。"写自己的感受：郡圃里小路曲曲折折，但是每一步都是良辰美景不虚设啊！

二月一日晓渡太和江三首（其一）

杨万里

绿杨接叶杏交花，
嫩水新生尚露沙。
过了春江偶回首，
隔江一片好人家。

【赏析】

在诵读的时候，"过了春江偶回首"的"了"念 liǎo，不能念成白话的 le，古诗词里没有轻声的字。《二月一日晓渡太和江》描写了诗人春日里横渡太和江时的所见所闻，太和江据说是杨万里去广东赴任途中经过的一条江。

诗人杨万里十分擅长发现并状写生活中的美景。第一、二句："绿杨接叶杏交花，嫩水新生尚露沙。"杨柳叶叶交接，杏花朵朵衔叠，春天的植物密密匝匝，充满生机；春水新涨，但还没有没过岸边的沙，说明是早春。在杨万里的笔端，绿杨、红杏、河水、沙石，仿佛都有了生命。

近看如此，远望呢？第三、四句："过了春江偶回首，隔江一片好人家。"诗人离开了绿杨红杏的此岸，渡河到了太和江彼岸，无意中回头一看：那树、那花、那水，甚至还有人家，传递出妙不可言的美好。

万安道中书事三首（其二）

杨万里

携家满路踏春华，

儿女欣欣不忆家。

骑吏也忘行役苦，

一人人插一枝花。

【诗题/词牌】

　　相传杨万里流传的作品在中国的诗人中是最多的，他的特点是很善于捕捉眼前的景物。这首诗的诗题是《万安道中书事三首》，"道中"就是"中途""在路上"的意思。杨万里到各地旅游，随时见到景物，随时就写下来，这首诗就是他和家人去万安这个地方的路上写的所见所感。

【赏析】

　　在诵读时，第三句的第一个字怎么念？骑马的"骑"，作动词念 qí，"骑吏也忘行役苦"的"骑"是指"骑马的人"，作名词念 jì。"忘"在这里作动词，念平声。第四句"一人人插一枝花"的"插"是念入声。

　　第一、二句："携家满路踏春华，儿女欣欣不忆家。"春天的景色这么美，他带着全家去游春，一家老小陶醉于春天的美景中，乐不思蜀。第三、四句："骑吏也忘行役苦，一人人插一枝花。"路边有骑着马的官吏，他们本来有任务在身，可是在这美丽的春天的景色中，他们也忘了行役的劳苦，每个人折了一枝花插在头上。

桂源铺

杨万里

万山不许一溪奔，

拦得溪声日夜喧。

到得前头山脚尽，

堂堂溪水出前村。

【赏析】

在诵读时,第三句的"得"字要念入声。溪水从山中发源,曲曲折折流淌,这本来是一种常见的地貌。然而,杨万里将这种常见地貌人格化了,所以,让我们能读出一种"奔流"的人生哲学。

第一、二句:"万山不许一溪奔,拦得溪声日夜喧。"群岭万山中有一条曲折流淌的溪,群山阻挡使得那溪水在山间日夜喧闹不停。

第三、四句:"到得前头山脚尽,堂堂溪水出前村。"写溪流峰回路转突围而出的境况。溪水终于流到前面山脚尽头,喧哗的溪声全都变成了堂堂盛大的流水,坦坦荡荡地流出前村去。这首诗的后两句蕴含着积极的人生态度,什么人生态度呢? 苦难和困境终有尽头,人生长河总要奔流,历史的车轮总会滚滚向前,无可阻挡。

有趣的是现在居然有一间茶饮店也叫"桂源铺",不知是不是从杨万里老师那里学来的?

春 日

朱 熹

胜日寻芳泗水滨,
无边光景一时新。
等闲识得东风面,
万紫千红总是春。

【作者】

朱熹,字元晦,又字仲晦,号晦庵,晚年称晦翁,世称朱文公、朱子。宋朝著名的理学家、文学家,儒学集大成者。朱熹著述甚多,最著名的《四书章句集注》一直是钦定的教科书和科举考试的标准。

【赏析】

在诵读时，第三句中的"识"字念入声。这首《春日》，如果把诗题翻译成英文，那就是 *One Spring Day*，就是一首简单的咏春诗。我们家小朋友在学校里学习、包括我这位母亲学习的时候，也是这样的印象。但是，朱熹的这首《春日》并不那么简单，我们这里留下伏笔，首先来看看简单的解读。

"胜日寻芳泗水滨，无边光景一时新。""胜日"是天气晴朗的好日子。"寻芳"就是游春、踏青的意思。泗（sì）水是地名，是河的名称，在山东省。"滨"是指河边。"光景"是风光景物。风和日丽游春在泗水之滨，无边无际的风光焕然一新。

"等闲识得东风面，万紫千红总是春。""等闲"就是随随便便，"等闲识得"是容易识别的意思。"东风"当然就是春风。谁都可以看出春天的面貌，春风吹得百花开放，万紫千红，到处都是春天的景致。后来，我们就有了成语——万紫千红。"万紫千红"最早是出现在朱熹的《春日》里。

从字面上看，这首诗好像是写游春观感，但我们需要细究一下寻芳的地点——泗水之滨。春秋时，孔子曾在洙、泗之间聚徒讲学，教授弟子，后来"洙水""泗水"就成了孔子、孔门和儒学的象征。而泗水这个地方在南宋的时候早被金人侵占。朱熹一生未曾北上，当然不可能在泗水之滨游春吟赏，因此所谓"寻芳"即指"求圣人之道"。"万紫千红"比喻孔学的丰富多彩。这首诗实际上是一个整体的比喻，是诗人对儒家思想真谛的追求。

我们常说"春风化雨"，儒家思想对于人生、人格和人性不也像春风化雨吗？所以说朱熹真是了不得，他是大哲学家，但他写的《春日》，通篇没有一个字在讲道理，都是在讲春光、春色、春风，但是每一句都暗暗包含一种思想的教化。所以，《春日》可以理解成一首寓理趣于形象之中的哲理诗。

观书有感（其一）

朱　熹

半亩方塘一鉴开，
天光云影共徘徊。
问渠那得清如许？
为有源头活水来。

【诗题 / 词牌】

　　诗题《观书有感》，不就是读后感吗？不过是以诗歌的形式写出的读后感。《观书有感》是宋代哲理诗的翘楚之作。说起哲理诗，大家比较熟悉的可能是宋代的另外两首。第一首是苏轼的《题西林壁》："不识庐山真面目，只缘身在此山中。"它让我们了解了入乎其内出乎其外才能全面认识事物的道理；第二首是陆游的《游山西村》："山重水复疑无路，柳暗花明又一村。"它让我们懂得了突破与困境之间的相互关系。今天我们一起品读朱熹的《观书有感（其一）》。

【赏析】

　　在诵读时，第三、四句的"得""活"都要念入声。

　　说起朱熹，大家不陌生，他是宋代理学的集大成者，他的思想被后世奉为官学。其实朱熹的文学诗歌成就也是相当高的，这首《观书有感（其一）》和《春日》都是他的代表作。尤其是《观书有感（其一）》名气很大，是流传甚广的千家诗中的第二首。

　　"半亩方塘一鉴开"，"方塘"大概就是方形的池塘，"半亩"是方塘的别名，那么，是不是确有这么一个池塘呢？确实有的，这是在福建尤溪城南郑安道的馆舍（后为南溪书院）内。朱熹父亲朱松与郑安道交好，朱熹一家就住在郑安道家旁边，朱熹的出生地就是半亩方塘附近。"鉴"，就是"镜"，这个字下面有一个"金"字，古人以铜为镜。方形的半亩池塘像一面镜子一样展现在眼前。

"天光云影共徘徊"，天上的光线和云影倒映在塘水之中，闪闪烁烁，不断变换，犹如人在徘徊。前两句写景，是实写，三、四两句就是在前两句基础上的升华。

"问渠那得清如许？""渠"，指方塘。"那（nǎ）得"，是"怎么会"。"清如许"，表示"这样的清澈"。要问为何那方塘的水会这样清澈？

第四句："为有源头活水来"，那是因为有那永不枯竭的源头为这个池塘源源不断地输送活水。后世就用"源头活水"这个成语来比喻知识是不断更新和发展的，只有不断学习，才能使自己永葆活力。这就是我们说的"苟日新，日日新。"

全诗以方塘作比喻，形象地表达了一种微妙难言的读书感受。特别是"问渠那得清如许？为有源头活水来。"两句，借水之清澈，是因为有源头活水不断注入，暗喻人要心灵澄明，就得认真读书，时时补充新知，才能达到更高的境界。

题临安邸

林升

山外青山楼外楼，
西湖歌舞几时休？
暖风熏得游人醉，
直把杭州作汴州。

【诗题/词牌】

"邸"是府邸、官邸、旅店、客栈的意思，这里是指旅店、客栈。这首诗是南宋的林升所作，据说是题在南宋的皇都临安某家旅店的墙壁上，这是一首墙头诗或者叫做题壁诗。题壁诗可以提在墙壁上、石壁上。即使到了宋朝，雕版印刷已经比较发达，题壁诗还是很流行，苏轼在西林寺的墙壁上写下了《题西林壁》，陆游在沈园的墙壁上写下了《钗头凤》，《水浒传》里的宋江也曾在酒楼墙壁上题反诗。这首《题临安邸》很好理解，就是要搞清楚诗句中的三个地名：临安、杭州和汴州。临安就是杭州，是南宋王朝偏安的首都，而汴州就是汴京，即北宋的都城，今河南开封。北宋靖康元年（1126 年），金人攻陷了汴京，掳走了宋徽宗和宋钦宗两个皇帝，康王赵构逃到江南，在临安即位，史称南宋。南宋小朝廷不思收复失地，只求苟且偏安，一味纵情声色，寻欢作乐。林升就是在当时的时代背景下写下的讽刺之作。

【赏析】

"山外青山楼外楼，西湖歌舞几时休？"青山无尽，楼阁连绵，西湖上的歌舞几时才能停歇？"暖风熏得游人醉，直把杭州作汴州。"暖洋洋的香风吹得贵人如痴如醉，简直把杭州当作了汴州。这里的"暖风"，一语双关，既指自然界的春风，也指社会上的淫靡之风。西湖边上达官贵人寻欢作乐，早已经忘记了自己的国家还处在危难之中。林升作讽喻诗，却不作谩骂之语，愤慨都在字里行间。

游园不值

叶绍翁

应怜屐齿印苍苔，
小扣柴扉久不开。
春色满园关不住，
一枝红杏出墙来。

【作者】

叶绍翁是南宋诗人，擅长七言绝句，流传后世的作品不多，《游园不值》是他这辈子最具知名度的一首。

【诗题／词牌】

诗题《游园不值》是什么意思呢？不是说游这个园子不值当，"不值"是"不遇"的意思，没有得到游园的机会，换句话说，是没能进园子里去游览。这是一首因游赏受阻而扫兴又得兴的一首记游诗。

【赏析】

第一、二句："应怜屐齿印苍苔，小扣柴扉久不开。"也许是园主担心我的木屐踩坏他所爱惜的青苔，所以我轻轻地敲柴门，久久也没有人来开。第三、四句："春色满园关不住，一枝红杏出墙来。"可是这满园的春色毕竟是关不住的，你看，那儿有一枝粉红色的杏花伸出墙头来。

前面三句有的是失望，有的是遗憾，有的是期待，可最终来了一个大转折，从冷寂中洗出繁华，这就使人感到一种意外之喜。前面三句都是为了最后一句"抖包袱"埋下伏笔。

【小知识】

大家都特别熟悉的这句"一枝红杏出墙来"是不是叶绍翁的原创诗句呢？在钱钟书先生写的《宋诗选注》里，他就说过前人早有类似的诗句。叶绍翁的这首诗直接脱胎于陆游的《马上作》："平桥小陌雨初收，淡日穿云翠霭浮；杨柳不遮春色断，一枝红杏出墙头。"钱钟书先生认为，叶绍翁的第三句写得比陆游的新警。严格地说，陆游的这一句也还是化用唐人的诗句。晚唐的吴融写了《途中见杏花》："一枝红杏出墙头，墙外行人正独愁。"吴融还写了《杏花》："独照影时临水畔，最含情处出墙头。"钱钟书先生认为，吴融的"红杏"一句和其他的情景掺杂排列，没有安放在一篇中留下印象最深的位置，所以都不及宋人写得这样醒豁。

乡村四月

翁　卷

绿遍山原白满川，
子规声里雨如烟。
乡村四月闲人少，
才了蚕桑又插田。

【赏析】

在诵读时，第一句的"白"和第四句的"插"要念入声。《乡村四月》是南宋诗人翁卷创作的一首七言绝句。农历的四月就是阳历五月左右，正是初夏时节，大家想想看，江南的农村初夏时节会是什么样呢？翁卷以白描的手法写了自己的故乡，也就是今浙江乐清初夏时节的景象。

前两句着重写景：绿原、白川、子规、烟雨，寥寥几笔就把水乡初夏时特有的景色勾勒了出来。"绿遍山原白满川，子规声里雨如烟。""子规"指的是杜鹃鸟。田野间草木茂盛，稻田里的水也涨满了，天空中烟雨蒙蒙，杜鹃声声啼叫。

"乡村四月闲人少，才了蚕桑又插田。""才了"表示刚刚结束。"插田"，就是插秧。四月到了，没有人再闲着，刚刚结束了种桑养蚕的事，又要插秧了。后两句主要写人，画面上主要突出在水田插秧的农民，从而衬托出"乡村四月"劳动的紧张与繁忙。

【小知识】

最后，科普一个小常识。读这首翁卷的《乡村四月》，我想起了李白的《闻王昌龄左迁龙标遥有此寄》："杨花落尽子规啼，闻道龙标过五溪。"这两首诗歌里都有子规，还有很多其他诗歌也提到子规，古代为什么把杜鹃鸟叫做子规呢？

传说，古代有一个蜀国国王叫杜宇，号望帝，他在位时把王位禅让给了宰相，后来宰相根本不是他想象中的明君，杜宇忧闷而死，他死后魂魄化身成为一种鸟，哀鸣不已，人们见到这种鸟，想起望帝杜宇就叫他杜鹃鸟。而据说杜鹃鸟的叫声，好像在呼唤儿女归来，所以别名子规。杜鹃鸟"惯作悲啼"的鸣叫，能使许多愁肠百结的人心酸肠断。因此，天长日久，杜鹃鸟就被很多人称为"冤禽""悲鸟"，被推上了"文化鸟"的宝座。

在中国其他的民间传说中，尤其在黄河流域、华北华中、东北西北，杜鹃的文化含义则不同，其叫声听似"布谷布谷"，含有劝农、知时、勤劳等正面的意义。

江村晚眺

戴复古

江头落日照平沙，
潮退渔船阁岸斜。
白鸟一双临水立，
见人惊起入芦花。

【作者】

戴复古是南宋江湖派重要诗人，一介布衣，游历江湖，足迹遍及南中国主要的地区。

【赏析】

诗题《江村晚眺》明白如话，就是诗人晚眺江边景色。首先，我们看到一幅静态画面：落日、平沙、江水、渔船、白鸟，一切都那么凝固，一切都那么宁静。突然，人来鸟惊，整个画面动了起来。

第一、二句："江头落日照平沙，潮退渔船阁岸斜。"江面上空的夕阳笼罩江边沙滩；潮水退了，渔船倾斜着靠在岸边。

第三、四句："白鸟一双临水立，见人惊起入芦花。"一对白色的水鸟停在江水旁；闻得有人来，就警觉地飞入芦苇丛中。

这首诗在"静"与"动"的描写安排上十分巧妙，其实它的色彩运用也恰到好处：黄色的沙滩、白色的芦花、洁白的水鸟，在红色的残阳映照下，显得色彩浓郁，陆离绚丽。

这首诗我个人发觉用的动词特别多，特别是"照""阁""立""入"等动词看似平淡无奇，实际运用却十分准确恰当，使整首诗画面生动，充分体现了诗人炼字的功夫。

约　客

赵师秀

黄梅时节家家雨，
青草池塘处处蛙。
有约不来过夜半，
闲敲棋子落灯花。

【赏析】

在诵读时，第一句和第三句的"节"和"约"念入声。第三句的"过"要念平声。与人约会而久候不至，难免焦躁不安。这大概是每个人都曾经有过的经验，以此入诗，就难以写得蕴藉有味。《约客》是南宋诗人赵师秀创作的一首七言绝句，这首诗写的就是诗人在一个风雨交加的夏夜独自期客的情景。

前两句交代了当时的环境和时令。"黄梅""雨""池塘""处处蛙"，写出了江南梅雨季节的夏夜之景，这些情景看起来很热闹，因为雨声不断，蛙声处处，在这种"热闹"当中，实际上诗人要反衬出他的"寂静"。第一、二句："黄梅时节家家雨，青草池塘处处蛙。"长满青草的池塘边上，传来阵阵蛙声。

后两句点出了人物和事情。主人耐心而又有几分焦急地等着，无事可干，只好"闲敲"棋子，静静地看着闪闪的灯花。"有约不来过夜半，闲敲棋子落灯花。"时间已过午夜，已约请好的客人还没有到，我无聊地轻轻敲着棋子，震落了点油灯时灯芯结出的灯花。

赵师秀用写景寄情的写法，表达了诗人内心含而不露的寂寞之情，情景交融，清新隽永，耐人寻味。

过零丁洋

文天祥

辛苦遭逢起一经，干戈寥落四周星。
山河破碎风飘絮，身世浮沉雨打萍。
惶恐滩头说惶恐，零丁洋里叹零丁。
人生自古谁无死，留取丹心照汗青。

【作者】

文天祥，自号文山。江西吉州庐陵人，南宋末政治家、文学家，爱国诗人，抗元名臣、民族英雄，与陆秀夫、张世杰并称为"宋末三杰"。

【赏析】

在诵读时，第五句"惶恐滩头说惶恐"的"说"字要念入声。这首诗《过零丁洋》写作时间应该是公元1279年。前一年（也即公元1278年），文天祥在广东海丰五坡岭兵败被俘，次年过零丁洋时被押解至崖山，元军逼迫他招降坚守崖山的宋军，文天祥坚决不从，出示此诗以明志。

首联："辛苦遭逢起一经，干戈寥落四周星。""起一经"，表示因为精通一种经书，通过科举考试，被朝廷起用做官。文天祥二十岁考中状元，他回想自己一生历尽辛苦都是源于早年由科举入仕。"干戈寥落"，指起兵抗元的兵员不足，武力衰微。文天祥从德祐元年（1275）正月起兵勤王抗元，至被元军俘虏，恰好四年。

颔联："山河破碎风飘絮，身世浮沉雨打萍。"国家危在旦夕，恰如狂风中的柳絮，自己一生的坎坷如雨中浮萍，漂泊无根，时起时沉。一句写国家，一句写个人，对仗工稳。

颈联："惶恐滩头说惶恐，零丁洋里叹零丁。"惶恐滩的惨败让我至今依然惶恐，零丁洋身陷元虏可叹我孤苦零丁。在这两句里，惶恐滩确有此地，零丁洋也确有此地。惶恐滩是赣江中的险滩。1277 年，文天祥在江西被元军打败，所率军队死伤惨重，妻子儿女也被元军俘虏。他经惶恐滩撤到福建。零丁洋也确有此地，现在广东省珠江崖山外。1278 年底，文天祥兵败被俘，元军把他囚禁船上，曾经过零丁洋，让他写信劝降崖山上的陆秀夫和张世杰。惶恐滩和零丁洋都是眼前的地名，同时诗人利用谐音写出了自己的心情。

尾联："人生自古谁无死，留取丹心照汗青。"自古以来有谁能够长生不死呢？我要留一片爱国的丹心映照史册。"丹心"就是红心。"汗青"是指史册。为什么"汗青"就是史册呢？汗青是指古时在竹简上记事，先以火烤青竹，使水分如汗渗出，再刮去青皮，便于书写，避免虫蛀，故称汗青，也叫杀青，后来借指"史册"。

最后，我们再说说文天祥写完《过零丁洋》后的故事。文天祥写下《过零丁洋》，矢志不降，后来被解至元大都（今北京），元世祖忽必烈亲自劝降，并许以中书宰相之职。面对一切威逼利诱，文天祥大义凛然，宁死不屈。于 1283 年 1 月 9 日在元大都就义，真正印证了他自己的话："人生自古谁无死，留取丹心照汗青。"文天祥终年 47 岁。

墨 梅

王 冕

吾家洗砚池头树，
朵朵花开淡墨痕。

不要人夸好颜色，

只留清气满乾坤。

【诗题/词牌】

　　《墨梅》是一首题画诗。我第一次读到这首诗，不知道这些背景，还以为真有黑色的梅花，后来才知道墨梅是指用水墨画的梅花。这首诗题为"墨梅"，意在述志。诗人将画格、诗格、人格有机地融为一体，字面上是在赞誉梅花，实际上是表白自己的立身之德。

【作者】

　　王冕，字元章，号煮石山农、梅花屋主，元代画家、诗人。我们大家或许都听说过王冕勤学的小故事，七八岁时，父亲叫他在田埂上放牛，他偷偷地跑进学堂，去听学生念书。傍晚回家，他把放牛的事情都忘记了。父亲大怒，打了王冕一顿。事情没过多久，他又溜到私塾去旁听。他的母亲说："这孩子想读书这样入迷，何不由着他呢？"

　　王冕白天干农活儿，晚上读书，家里没有条件，他就寄居到附近的寺庙里。到了晚上，他坐在佛像的膝盖上，就着佛像前的长明灯读书，书声琅琅一直到天亮。寺庙里多是面目狰狞的泥塑，王冕虽是小孩，却神色安然，好像没有看见似的。安阳的大学问家韩信，把他收为弟子，王冕长大后成为了通儒，就是大学问家。

　　还有一则轶事。王冕很有学问，有人举荐他做官，王冕说："我有田可耕，有书可读，奈何朝夕抱案立于庭下，以供奴役之使！"后来王冕历览名山大川，自由自在地做学问、画画。说到画画，王冕最擅长画荷花和梅花，为什么呢？我个人感觉，王冕高洁的秉性不就特别像出淤泥而不染的荷花，像傲霜斗雪的梅花吗？

【赏析】

　　第一、二句："吾家洗砚池头树，朵朵花开淡墨痕。"我洗砚池边的梅树，花开朵朵，都是用淡淡的墨水点染而成。"洗砚池"，化用王羲之"临池学书，池水尽黑"的典故。诗人与晋代书法家王羲之同姓，故说"我家"。

第三、四句："不要人夸好颜色，只留清气满乾坤。"（也有的版本写作"不要人夸颜色好，只留清气满乾坤。"）墨梅不需要别人夸奖颜色美好，只要留下充满乾坤的清香之气。这后两句盛赞墨梅的高风亮节，同时也表现了诗人鄙薄流俗、独善其身的品格。

咏兰花

张 羽

能白更兼黄，
无人亦自芳。
寸心原不大，
容得许多香。

【诗题/词牌】

诗题是《咏兰花》。梅、兰、竹、菊是中国人眼中的"四君子"，它们的自然品质一直为中国人所钟爱，并且赋予了它们高洁淡泊的人格力量。古往今来，文人墨客写诗作画，经常以梅、兰、竹、菊作为主题。张羽的这首《咏兰花》就是以非常朴实的文字为兰花写下的赞歌。

【作者】

张羽，字来仪，号静居。元末明初诗人。

【赏析】

第一句和第四句的"白"和"得"字要念入声。这首诗着重抓住兰花的两大特色：色与香。第一句"能白更兼黄"，兰花瓣白蕊黄，素淡清丽；第二句"无人亦自芳"，兰花的花香不是为了博得他人的欢心，这一句从人格化的角度称赞兰花的内在美。

"寸心原不大"，一笔两写，既写花(写花蕊很小)，又状人。杨万里《凝露堂木犀》云："看来看去能几大，如何着得许多香。"张羽化用了杨万里诗意，却更加准确、老到。寸心不大，暗喻谦谦君子，所求于社会的并不多。"容得许多香"，暗喻才华不尽，可贡献于人的不少。

咏兰花的诗歌虽然不像咏梅花的诗歌那么多，但数量也不少，编选者独独选了张羽的这首，我个人觉得关键是此诗语句简朴，是咏物诗中之佳构。这两年还有一首古诗特别流行，那就是袁枚的《苔》，和这首张羽的《咏兰花》有异曲同工之妙：

> 白日不到处，
> 青春恰自来。
> 苔花如米小，
> 也学牡丹开。

十二月十五夜

袁　枚

> 沉沉更鼓急，
> 渐渐人声绝。
> 吹灯窗更明，
> 月照一天雪。

【作者】

在上一首诗《咏兰花》的赏析中，我们推荐了袁枚的《苔》，没想到这一次，我们真的读到了袁枚的诗。袁枚，字子才，号简斋，晚年自号随园老人，又号仓山居士，钱塘人，是清代诗人、散文家。

【赏析】

在诵读时，要注意这首诗押的是入声韵，第一句、第二句、第四句的"急""绝""雪"都要念入声。袁枚是个热爱生活的人，辞官后侨居江宁，"小住仓山畔，悠悠三十年。"这首五言绝句大概是袁枚61岁时所作，当时他因为右脚出了点状况，无法登山，照理是很扫兴的事情，但他始终保持"静处光阴多，闲中著作妙"的自得其乐的心态，这首诗就是他在这一年最后一个"十五夜"映雪赏月所作。

第一、二句："沉沉更鼓急，渐渐人声绝。"闷闷的更鼓从远处一阵接一阵地传来，忙碌的人们陆续入睡，一切都慢慢安静下来。

第三、四句："吹灯窗更明，月照一天雪。"诗人也吹灭油灯准备入睡，但灯灭后却发现窗外更亮了，因为外面既有明月当空，又有白雪洒地。

这首《十二月十五夜》描写景物有声有色，动静有度，是五言绝句中的佳篇。

竹　石

郑　燮

咬定青山不放松，
立根原在破岩中。
千磨万击还坚劲，
任尔东西南北风。

【诗题 / 词牌】

《竹石》是一首七言绝句，是一首题画诗，也是一首咏物诗。这首诗着力表现了竹子顽强而又执着的品格。

【作者】

郑燮，字克柔，号理庵、板桥，郑燮的名字如果不大熟悉，那么郑板桥的名字应该是人尽皆知的，他是清代著名画家、书法家、诗人。郑板桥是康熙年间的秀才、雍正年间的举人、乾隆元年的进士。曾经做过县令，政绩显著，后客居扬州，以卖画为生，是"扬州八怪"的重要代表人物。郑板桥一生只画兰、竹、石，自称"四时不谢之兰，百节长青之竹，万古不败之石，千秋不变之人"。其诗、书、画，世称"三绝"。

【赏析】

"咬定青山不放松，立根原在破岩中。"竹子把根深深地扎进青山里，它的根牢牢地扎在岩石缝中。一个"咬"字，写出了竹子的顽强。

"千磨万击还坚劲，任尔东西南北风。"经历成千上万次的折磨和打击，竹子依然那么坚强，不管是吹来酷暑的东南风，还是吹来严冬的西北风，它都能经受得住。最后两句写出了竹子无畏无惧、积极乐观的品格。

己亥杂诗（其五）

龚自珍

浩荡离愁白日斜，
吟鞭东指即天涯。
落红不是无情物，
化作春泥更护花。

【诗题 / 词牌】

这首诗题为《己亥杂诗（其五）》，一听就明白，这是组诗中的第五首。在1839年，也就是鸦片战争的前一年，即己亥年，龚自珍写了很多很多首七言绝句，一共写了315首，这是其中第五首。

【作者】

龚自珍，字璱（sè）人，号定庵。清代思想家、诗人和改良主义的先驱。27岁中举人，38岁中进士。曾任内阁中书、宗人府主事和礼部主事等官职。主张革除弊政，抵制外国侵略，曾全力支持林则徐禁除鸦片。

【赏析】

在诵读时，第一句的"白"字要念入声，"斜"字要押麻韵。

第一、二句："浩荡离愁白日斜，吟鞭东指即天涯。"浩浩荡荡的离愁别绪向着日落西斜的远处延伸，诗人这是要离开北京，黄昏日斜的忧伤哀愁浩荡不绝；骑在马背上，马鞭东指之地就是自己即将要去的天涯之远。

第三、四句："落红不是无情物，化作春泥更护花。"后两句表面意思是说从枝头上掉下来的落花，不是无情之物，它化成了春天的泥土，还能起着培育花朵、护养下一代的作用。

以前我读这首诗，特别让我不能理解的，是前两句和后两句诗好像没有什么联系，这是因为对这首诗的创作背景不了解。龚自珍出身名门，又会读书，自然注定是走仕途的，但是他这个人为官刚直不阿，揭露时弊，所以必然会遭到权贵排挤和打击。1839 年，他不得不辞官南下，所以前两句诗里他是忧伤的。到南方去干什么呢？去担任教职，就是到江苏丹阳的云阳书院当老师去了。他这次离开北京，就好像花儿离开花枝，一般诗人写飞花、落花，那是哀怨的情调，比如李煜的《浪淘沙》里"流水落花春去也，天上人间"，比如李清照的《一剪梅》里"花自飘零水自流，一种相思，两处闲愁。"但是，龚自珍不这么想，他用落花自比，落花还是有用处的，落花在花树底下堆砌起来，化作护花的春泥，培养下一代。所以说，龚自珍《己亥杂诗（其五）》把落花题材上升到了一个新的境界。

己亥杂诗（其二百二十）

龚自珍

九州生气恃风雷，
万马齐喑究可哀。
我劝天公重抖擞，
不拘一格降人才。

【诗题/词牌】

从北京到南方去的一路上，龚自珍百感交集，写了许多激昂而且饱含深情、忧国忧民的诗文。他在给朋友的信中说，在路上他用毛笔把诗写在记账本的纸上，每写完一首就把这张纸撕下来团成一团，投到布口袋里面，等到最后把袋子里的纸团汇聚起来，一共是 315 个，也就是 315 首诗。诗的题材是很多样的，今天我们学习的第二百二十首和前面学习的第五首就不大一样。不少人认为这第二百二十首诗是一首政治诗。

【赏析】

在诵读时，第二句"究"和第四句"格"都要念入声。第一、二句："九州生气恃风雷，万马齐喑究可哀。"从逻辑上讲，应该是第二句在前，第一句在后。只有狂雷炸响般的巨大力量才能使中国大地发出勃勃生机，然而现实中社会政局毫无生气，终究是一种悲哀。"恃（shì）"是"依靠"的意思。"万马齐喑"比喻社会政局毫无生气。"喑（yīn）"表示沉默，不说话。

第三、四句："我劝天公重抖擞，不拘一格降人才。"我奉劝上天要重新振作精神，不要拘泥一定的规格，要为我们的国家降下更多的人才。

这首诗寓意很深刻，写作起来气势磅礴，诗的前两句用了两个比喻："万马齐喑"和"风雷"，表现了龚自珍批判现实，更憧憬未来的热切心声。

村 居

高 鼎

草长莺飞二月天，
拂堤杨柳醉春烟。
儿童散学归来早，
忙趁东风放纸鸢。

【诗题 / 词牌】

诗题为《村居》，据说是高鼎晚年归隐于上饶地区，闲居农村时所写的一首七言绝句。

【作者】

诗人高鼎不是有名的大家，因为偶然的一首诗流传后世。高鼎生活在鸦片战争之后，大约在咸丰年间，一般人提到他，只是因为他写过的这首《村居》。这就是文学界经常说的"人以诗传"，不过平生就是有一首诗流传后世，也是了不起的伟绩。

【赏析】

在诵读时，第三句"散学"的"学"要念入声。"草长莺飞二月天，拂堤杨柳醉春烟。"农历二月，村子前后的青草已经渐渐发芽生长，黄莺也飞来飞去。杨柳长长的枝条，随风摆动，好像在抚摸着堤岸。在水泽和草木间蒸发的水汽，如同烟雾般凝集着。杨柳似乎都陶醉在这美丽的春色中。诗人用了一个"醉"字，写活了杨柳的神韵。

"儿童散学归来早，忙趁东风放纸鸢。"村里的孩子们放了学急忙跑回家，要趁着东风把风筝放上天。结尾两句由前两句的"物"写到"人"，放风筝的儿童为美好的春光平添了几分生机。

忆江南（其一）

白居易

江南好，风景旧曾谙；
日出江花红胜火，春来江水绿如蓝。
能不忆江南？

【诗题／词牌】

我们学习的是三首《忆江南》中的第一首。《忆江南》是当时的教坊曲名。作者题下自注说："此曲亦名'谢秋娘'，每首五句。"后来《忆江南》的曲名，因白居易的这三首词，改名为《江南好》。至晚唐、五代，

《江南好》就成为词牌名。

【作者】

白居易曾经担任杭州刺史，后来又担任苏州刺史，在苏杭就待了三四年。在他的青年时期，也曾漫游江南，所以对江南有着相当的了解。在他因病卸任苏州刺史回到洛阳后十余年，写下了三首《忆江南》。

【赏析】

在诵读时，"出"字要念入声。"江南好，风景旧曾谙"，此处的"谙（ān）"意为"熟悉"。江南的风景多么美好，我曾经非常熟悉。

春天来了，"日出江花红胜火，春来江水绿如蓝。"太阳从江面升起，把江边的鲜花照得比火焰更红，碧绿的江水绿得胜过蓝草。

"能不忆江南？"怎能叫人不怀念江南呢？

中国讲"诗文词曲"，仿佛它们只是不同文类的分别，其实不完全一样。词的出现，最早是从敦煌的曲子开始的，是给歌曲写的"曲子歌"，所以，词本身是歌词的意思。最早的敦煌"曲子词"的作者大都是贩夫走卒、做生意的人，他们按照当时的流行曲调填词，因此，当时的敦煌曲子的歌词并不是很文雅。但是，歌曲流传下来后就有后世的文人为它们填写新的歌词，于是，在词发展的过程中，出现了文人给流行歌曲填写的歌词。

渔歌子

张志和

西塞山前白鹭飞，
桃花流水鳜鱼肥。
青箬笠，
绿蓑衣，
斜风细雨不须归。

《渔歌子》，"子"即"曲"，《渔歌子》即《渔歌曲》，和前面学过的《忆江南》一样，原为唐教坊的曲名，文人用流行的曲调，按照自己的习惯填写歌词，久而久之就成为词牌名。

【作者】

张志和，字子同，唐代诗人和词人。

【赏析】

这首词没有什么难懂的地方，还是很容易理解的。

"西塞山前白鹭飞，桃花流水鳜鱼肥。"西塞山附近，白鹭展翅翱翔，桃花夹岸的溪水中，鳜（guì）鱼肥美。

"青箬笠，绿蓑衣，斜风细雨不须归。"渔翁头戴青斗笠，身披绿蓑衣，在斜风细雨中不愿回家。不愿回家的原因，就是前文所说，溪水中鳜鱼肥美。

望江南

温庭筠

梳洗罢，
独倚望江楼。
过尽千帆皆不是，
斜晖脉脉水悠悠。
肠断白蘋洲。

【作者】

温庭筠，唐代诗人、词人，字飞卿。文思敏捷，每入试，押官韵，八叉手而成八韵，所以也有"温八叉"之称。善于写诗，与李商隐齐名，时称"温李"。写词的艺术成就在晚唐诸词人之上，为"花间派"首要词人，与韦庄齐名，并称"温韦"。

【赏析】

可能有人会问，温庭筠明明是一位男性词人，怎么写的这首小令却是女性的口吻呢？实际上，在中国文学旧传统中，描写思妇的感情还是很流行的一个主题呢，比如李白的"长安一片月，万户捣衣声。""却下水晶帘，玲珑望秋月。"这些都是描写思妇的感情。因此，当时的流行歌曲中就有很多写思妇的感情，这首《望江南》就是其中的佳品。

这是一首小令，只有二十七个字。写一女子登楼远眺、盼望夫归，表现了她从希望到失望，以致最后的"肠断"。整首诗像一组电影镜头：一位着意修饰的女子，梳洗罢，倚楼凝眸烟波浩渺的江水，等待久别不归的爱人，但是，从日出到日落，由希望变失望，把这个女子的不幸，表现得多么动人。

"斜晖"就是偏西的阳光。"脉脉（mòmò）"是含情凝视、情意绵绵的样子，这里形容阳光微弱。"蘋"是一种水中的浮草。"白蘋（pín）洲"就是指开满白色蘋花的水中小块陆地。

关于这首词的末句，文学史上有些争论，比如俞平伯先生就认为整首词"不露痕迹"，而末句太直白地点出了主题。但是也有人说，温庭筠的这首《望江南》以景结情，更有远韵。

相见欢

李　煜

林花谢了春红，
太匆匆。
无奈朝来寒雨晚来风。
胭脂泪，
相留醉，

几时重。

自是人生长恨水长东。

【诗题/词牌】

《相见欢》原是唐教坊曲名，后用于词牌名，又名《乌夜啼》《秋夜月》《上西楼》，一共三十六字，上片三平韵，下片两仄韵两平韵。

【作者】

李煜，五代十国时南唐国君，字重光，号钟隐、莲峰居士。史称"南唐后主""李后主"。这首词作于公元569年，李煜被俘之后囚于汴京的时候。王国维先生说，"天以百凶成就一词人。"意思是上天用一百种不幸的命运，才成就了一位伟大的词人。说的不就是李煜吗？原来是国君，亡国家破之后是阶下囚，这种乱世之悲、亡国之痛自然而然地流露在他的作品中。

王国维在《人间词话》中说，李煜之前的词都是写男女情爱的"艳科"，不过是"伶工之词"，就是乐工歌女的作品；到了李煜，眼界始大，感慨遂深。这首《相见欢》貌似是写春残花落的伤春之作，但是饱含了深深的切肤之痛，却是其他春花秋月、朝雨晚风的小令无法表达的。

【赏析】

"林花谢了春红，太匆匆。"词本来就是俗曲的歌词，不必像《诗经》那样文雅，可以口语化的表达，"谢了"就是白话，但是谢得多么悲哀，多么沉痛。什么谢了？在春天最美好的季节里，林子里的春花却谢了，才看到花开，就看到花落，真是"太匆匆"。这句话的词序其实很奇怪，有些倒错的语句，但是一点不影响理解，或者说，读者可以这样理解，也可以那样理解，但是词的效果都出来了。

"无奈朝来寒雨晚来风。"为什么花落了呢？那是因为这一句"朝来寒雨晚来风"。无论诗词，还是韵文，凡是朝暮对举，都不是指单方面，不是说早晨有寒雨，晚上只有风，而是朝朝晚晚，雨雨风风。

"胭脂泪，相留醉，几时重。"从上阕到下阕，从"林花春红""寒雨晚风"到"胭脂泪"，从花期短暂过渡到人生美好的短暂。红色的花朵上有雨点，不就像女人涂了胭脂的脸上的泪痕吗？你怎么忍心不珍惜这一刻呢？以后永远不会有这朵花的这一瞬间。

关于"胭脂泪"，我们想到杜甫的名句："林花著雨胭脂湿"，大概"胭脂泪"是李煜从杜诗点化而来。关于"相留醉"，有的解释是说为了落花再喝一杯酒，有的是说词人伤心之后的迷醉。诗无达诂，同理，词亦无达诂。

"自是人生长恨水长东。"由花及人，人生从来就是令人怨恨的事情太多，就像那东逝的江水，无休无止，永无尽头。

【小知识】

很多诗词都用流水形容作者的心境：李白有"请君试问东流水，别意与之谁短长。"刘禹锡说"蜀江春水拍山流""水流无限似侬愁"，寇准写下了"愁情不断如春水"。但是哪一句有李后主的"自是人生长恨水长东"来得贴切呢？

相见欢

李　煜

无言独上西楼，
月如钩。
寂寞梧桐深院锁清秋。

剪不断，
理还乱，
是离愁。
别是一般滋味在心头。

【词牌/题目】

这首词的词牌也是《相见欢》，不过词牌和词的内容、意境没有太大联系的，不然词牌中明明有欢字，整首词却都是愁思。所以有的时候，为了区分同一个词牌的两首词，词牌名不够，还要把起首一句一起当作题目，比如这次学的是《相见欢·无言独上西楼》，上次学的是《相见欢·林花谢了春红》。

【作者】

在政治上失败的李煜，在文坛上却留下了不朽的篇章，被称为"千古词帝"，皇帝的"帝"。李煜后期词作多是倾泻失国之痛、去国之思，沉郁哀婉，感人至深。两首《相见欢》都是后期词作中很有代表性的。

【赏析】

首句"无言独上西楼"将人物引入了画面。默默无言、孤孤单单，独自一人登上空空的西楼。无人陪伴，也无话可说、无话敢说，词人内心深处隐寓了很多不能倾诉的孤寂与哀婉。

"月如钩，寂寞梧桐深院锁清秋。"寥寥十二个字，形象地描绘出了词人登楼所见之景，仰望天空，缺月如钩。写月亮本是古代文人非常钟爱的话题，明月在李白笔下，好像他赤子之心一样的胸怀；明月在王维笔下，好像是一段禅意的领悟；明月在杜甫的笔下，是对亲人的无比思念；明月在苏东坡的笔下，那是一段深厚的兄弟情谊；而到了李煜笔下，那就是惨淡人生和愁苦心境，是昔日帝王转眼成为阶下囚的巨大人生反差。词人看到庭院里，茂密的梧桐叶已被无情的秋风扫荡殆尽，只剩下光秃秃的树干和几片残叶，多么寂寞的庭院，不过"寂寞"的不只是庭院，不只是梧桐，还有人心，"锁"住的也不只是这满院秋色，而是落魄的人、孤寂的心、思乡的情、亡国的恨。

作为一个亡国之君，一个苟延残喘的囚徒，李煜在下片中用极其婉转而又无奈的笔调，表达了心中复杂而又不可言喻的愁苦与悲伤。

"剪不断，理还乱，是离愁。"剪不断理还乱的不就是丝线吗？用"丝"来比喻"愁"，新颖而别致。前人以丝线的"丝"谐音思想的"思"，用来比喻思念，比如李商隐在《无题》中有大家熟悉的名句"春蚕到死丝方尽，蜡炬成灰泪始干。"李煜则用"丝线"来比喻"离愁"，别有一番新意。然而丝线再长可以剪断，丝线再乱可以整理，而那千丝万缕的"离愁"却是"剪不断，理还乱"的。到底离愁是怎样的感情呢？李煜用最后一句把它都概括了，那就是"别有一般滋味在心头。"李后主的了不起就在这里，本来词只是歌女唱的歌词，游戏笔墨而已，而自从李后主付出了国破家亡的代价之后，他就写尽了人世间所有的无常和悲哀。

浪淘沙令

李　煜

帘外雨潺潺，
春意阑珊。
罗衾不耐五更寒。
梦里不知身是客，
一晌贪欢。

独自莫凭栏，
无限江山，
别时容易见时难。
流水落花春去也，
天上人间。

【作者】

　　李煜在亡国之前写的大量的词，主要是描写宫廷锦衣玉食的生活，亡国之后主要写家国之痛，囚徒之悲，这首《浪淘沙令》据说是李煜的绝笔。

【赏析】

　　上阕"帘外雨潺潺"：潺潺，形容雨声。"春意阑珊"：阑珊，衰残的样子。"罗衾不耐五更寒"：罗衾，丝绸的被子；不耐，受不了。作者听到外面潺潺不断的雨声，这是什么时令呢？"春意阑珊"，就是春意已残，春天就要过去了，大概是暮春的时节。既然都是暮春了，怎么说"罗衾不耐五更寒"？半夜下点雨应该是凉快，不应该是寒冷啊！但是此时此地的李煜盖着被子还是觉得冷，这应该是指他的心境。

"梦里不知身是客，一晌贪欢。""身是客"是指李煜被扣押在汴京，形同囚徒。"一晌"：一会儿，片刻。"贪欢"就是指他贪恋梦境中的欢乐。这首词的上片用倒叙的手法，"帘外雨""五更寒"，这是做梦之后的事情；忘却自己的身份，"一晌贪欢"，是梦中事。潺潺春雨和阵阵春寒，惊醒残梦，使主人公回到真实人生的凄凉景况中来。梦中梦后，实际上是今昔之对比。我个人非常喜欢上片中的"梦里不知身是客，一晌贪欢。"多么沉痛，又多么真实！

下阕"独自莫凭栏，无限江山，别时容易见时难"：作者从美梦中惊醒，在栏杆上独倚，回想江南的无限江山，那可真是"别时容易见时难。""别时容易见时难"当然不是李煜首创，曹丕在《燕歌行》就说过"别日何易会日难"；《颜氏家训》也有"别易会难"。李煜的这句不是说和朋友的会聚和离别，其实讲的是一朝与自己故国的分离，再要相见，此生也不能够了。

"流水落花春去也"，与上阙的"春意阑珊"相呼应，水流尽矣，花落尽矣，春归去矣，而人已将亡矣，这里也是暗喻来日无多，不久于人世。结句"天上人间"，有很多种解释。一种解释是说李煜用在这里，好像是指自己的最后归宿，很多人都认为这首《浪淘沙令》是李煜的绝笔。另外一种解释是说远离故国，不能再相见，从此就是"天上人间"，一个在天上，一个在地上，永远不能相合。总之，结语四个字"天上人间"，怅然欲绝！

虞美人

李　煜

春花秋月何时了，
往事知多少？

小楼昨夜又东风，

故国不堪回首月明中！

雕栏玉砌应犹在，

只是朱颜改。

问君能有几多愁？

恰似一江春水向东流。

【诗题 / 词牌】

词牌《虞美人》原来也是唐朝的教坊曲目，开始是咏项羽宠姬虞姬虞美人，因此而得名。《虞美人》又名《一江春水》《玉壶水》等。双调，五十六字，上下片各四句。

【作者】

《虞美人·春花秋月何时了》是李煜的代表作，和《浪淘沙令·帘外雨潺潺》相传都是他的绝命词。相传他于自己生日"七夕"之夜，在寓所里让歌妓唱自己的新作《虞美人》词，结果被宋太宗的耳目听见。宋太宗听到汇报以后非常生气，命人赐药酒，将他毒死。这首《虞美人·春花秋月何时了》通过今昔交错对比，表现了一个亡国之君的无穷的哀怨。

【赏析】

"春花秋月何时了，往事知多少？"：在年复一年的轮回中，生命消逝了，欢乐也消逝了。"春花秋月何时了"是永恒，"往事知多少"是无常，一句永恒，一句无常。

"小楼昨夜又东风"这是永恒，"故国不堪回首月明中"是无常，又是一句永恒，一句无常，而且还处处照应"春花秋月"，"小楼昨夜又东风"是春花，"故国不堪回首月明中"是秋月。词人降宋又苟活了一年，听着春风，望着明月，触景生情，愁绪万千。

"雕栏玉砌应犹在，只是朱颜改"：虽然故国不堪回首，但是又不能不回首。南唐宫廷里的玉石栏杆和台阶应该还在的，但是物是人非，自己却不再是当年的帝王，"雕栏玉砌应犹在"是永恒，"只是朱颜改"又是无常。"问君能有几多愁？恰似一江春水向东流。"词人虚设回答，感慨今昔，用满江的春水来比喻满腹的愁恨，不仅显示了愁绪的悠长深远，而且表达了愁恨的汹涌翻腾，使这首词显得阔大而雄伟。

浣溪沙

晏　殊

一曲新词酒一杯，
去年天气旧亭台。
夕阳西下几时回？

无可奈何花落去，
似曾相识燕归来。
小园香径独徘徊。

【诗题／词牌】

《浣溪沙》是《全宋词》中使用频率最高的一个词牌。《浣溪沙》原来也是唐教坊曲名，后用作词调名。最早《浣溪沙》是咏唱美女西施浣纱于若耶溪的故事，故《浣溪沙》又名《浣溪纱》或《浣沙溪》。从《浣溪沙》我们可看到由诗转变为词的痕迹，《浣溪沙》不像其他词调那样有各种各样的长短句，它句式整齐，节奏明快，易于上口，三句一片，朗朗疏落。这是由诗转变成词的起初阶段。

【作者】

晏殊，字同叔，北宋著名文学家、政治家。晏殊是位神童，五岁能创作，十四岁以神童入试，赐进士出身，也叫童进士，少年得志，后来官至丞相，谥号元献，世称晏元献。晏殊的词写得很好，尤其擅长小令，风格含蓄婉丽，与他的儿子晏几道，被称为"大晏"和"小晏"，与欧阳修并称"晏欧"。

【赏析】

　　"一曲新词酒一杯"：此句化用白居易《长安道》诗意："花枝缺入青楼开,艳歌一曲酒一杯"。一曲:一首。因为词是配合音乐唱的,故称"曲"。填好一曲新词,品尝一杯美酒。

　　"去年天气旧亭台"是说天气、亭台都和去年一样。此句化用五代郑谷的诗句："流水歌声共不回,去年天气旧池台。"时令气候亭台都和去年相似。但是呢……

　　"夕阳西下几时回?"夕阳西下,是眼前景。夕阳西下,是无法阻止的,只能寄希望于朝阳的东升再现,而时光的流逝、人事的变更,却再也无法重复,抒发了作者悼惜残春之情,表达了时光易逝,难以追挽的伤感。

　　下片前两句是脍炙人口的对仗句："无可奈何花落去,似曾相识燕归来。"无可奈何中百花残落,似曾相识的春燕又归来。"似曾相识后"用作成语,就是出自晏殊此句。花的凋落,春的消逝,时光的流逝,都是不可抗拒的自然规律,虽然惋惜流连也无济于事,所以说"无可奈何",这一句承接上片的"夕阳西下";然而这暮春天气中,所感受到的并不只是无可奈何的凋衰消逝,而是还有令人欣慰的重现,那翩翩归来的燕子就像是去年曾此处安巢的旧时相识。这一句呼应上片的"几时回"。花落、燕归虽也是眼前景,但一经与"无可奈何""似曾相识"相联系,它们的内涵便变得非常广泛,蕴含着某种生活哲理。这就是人生,有一个循环,有一个归来,这就不再只是个人的感情,而是对整个宇宙世界生命循环的一种体认。

　　最后词人以"小园香径独徘徊"作结,留下了意味深长的余音。

浣溪沙

晏　殊

一向年光有限身,

等闲离别易销魂，

酒筵歌席莫辞频。

满目山河空念远，

落花风雨更伤春，

不如怜取眼前人。

【作者】

晏殊是北宋政治家、文学家。在《宋史本传》说："自五代以来，天下学校废，兴学自殊始"，说明他重视教育，北宋名士如范仲淹、韩琦、孔道辅等都是他提拔推荐的。和北宋前期大多数文人的文风一样，晏殊的诗、文、词都是继承晚唐五代的传统，但是晏殊的作品不流于轻倩、浮浅，风格上既吸收了花间派温庭筠、韦庄的格调，也深受南唐冯延巳的影响。晏殊一生显贵，善于写旖旎风光，欢愉情趣，但他的作品并不单纯如此，而是常常孕育着深厚的悲戚之感。这两首著名的《浣溪沙》就很好地表现了这一点。

【赏析】

"一向年光有限身"："一向"在词曲里有两个意思，有时是长久的意思，有时是短暂的意思，这里是短暂。每一年美好的春光是很短暂的，生命也是短暂的。"等闲离别易销魂"：本来生命是无常，年光不停留，生命也不停留，而在短暂的人生中，还有种种聚散离别的遭遇和悲哀。"酒筵歌席莫辞频"：频繁的聚会，借酒消愁，对酒当歌，及时行乐，聊慰此有限之身。

下阕抒情，起首两句"满目山河空念远，落花风雨更伤春"：到了登临之时，放眼望去尽是大好河山，不禁思念起远方的友人，等到风雨吹落繁花之际，才发现春天易逝，不禁更生伤春愁情。可是这里的作者是晏殊，他不会说出李后主的"人生长恨水长东"或者"流水落花春去也，天上人间"这样大悲大落的句子，他说的是"不如怜取眼前人"，与其徒劳地思念，白白地伤春，不如把握现在，珍惜眼前朋友的情谊，这也是词人对待生活的一种态度。

玉楼春

欧阳修

尊前拟把归期说，
未语春容先惨咽。
人生自是有情痴，
此恨不关风与月。

离歌且莫翻新阕，
一曲能教肠寸结。
直须看尽洛城花，
始共春风容易别。

【诗题 / 词牌】

《玉楼春》是词牌名，双调五十六字，前后段各四句，代表作就是欧阳修《玉楼春·尊前拟把归期说》，写离情，作于景祐元年春三月，欧阳修任期届满即将离开洛阳之际。

【作者】

欧阳修，字永叔，号醉翁。北宋的政治家、文学家、史学家，"唐宋八大家"之一。后人又将其与韩愈、柳宗元和苏轼合称"千古文章四大家"。欧阳修在诗文外也常填些温婉小词，主题多是男欢女爱、离别相思、歌舞宴乐之类，深受南唐词的影响，但在表现这类传统题材时，欧阳修的词较之南唐词有了很大的进步，我们在这首《玉楼春·尊前拟把归期说》中就能看到。

"尊前拟把归期说，未语春容先惨咽。""尊前"，"尊"同"樽"，是指饯行的酒席前。"尊前"原该是何等欢乐的场合，而"春容"又该是何等美丽的人物，但是"尊前"所要述说的却是指向离别的"归期"，于是"尊前"的欢乐与"春容"的美丽，一下子就变成了伤心的"惨咽"。这前两句是对眼前情事的直接描写。

"人生自是有情痴，此恨不关风与月。"这是作者对眼前情事的一种理念上的反省和思考，从而推广到了对于整个人世的认知。每个人的人生都有情，有情就避免不了生离死别的痛苦，生离死别的痛苦并非春风秋月给人带来的。

"离歌且莫翻新阕，一曲能教肠寸结。"饯别的酒宴前，不要再演唱新的一阕，清歌一曲，已让人愁肠寸结。"且莫"二字的劝阻之辞写得如此恳切，足以反衬后句"肠寸结"的哀痛伤心。

最后两句却突然扬起，写出了"直须看尽洛城花，始共春风容易别"的豪兴。不要说走了永远不见这样的话，现在洛阳城里开着这么美的花，不要辜负了春光美景，应该把握现在，把该看的都看了，该享受的都享受了，那时再和春风道别也就没有遗憾了。

欧阳修这一首《玉楼春》词，明明蕴含着深重的哀伤与春归的惆怅，然而他却偏偏在结尾写出了如此豪宕的句子，所以王国维在《人间词话》中论及欧阳修这几句词时，称赞他"于豪放之中有沉着之致"。

浪淘沙令

欧阳修

把酒祝东风，
且共从容。
垂杨紫陌洛城东。
总是当时携手处，

游遍芳<u>丛</u>。

聚散苦匆匆，
此恨无穷。
今年花胜去年红。
可惜明年花更好，
知与谁同？

【赏析】

这首词是作者与朋友梅尧臣在洛阳城东旧地重游时有感而作，词中伤时惜别，抒发了人生聚散无常的感叹。

"把酒祝东风，且共从容。"把酒，端着酒杯；从容，表示留恋，不舍。端起酒杯向东方祈祷，请你再留些时日不要一去匆匆。

"垂杨紫陌洛城东。总是当时携手处，游遍芳<u>丛</u>。"洛城，洛阳。洛阳曾是东周、东汉的都城，据说当时曾用紫色的土铺路，所以写作"紫陌"，紫色的道路。洛阳城东垂柳婆娑的郊野小道，就是我们去年携手同游的地方，我们游遍了姹紫嫣红的花<u>丛</u>。

这首词上片叙事，下片抒情，下片文字明白晓畅。"聚散苦匆匆，此恨无穷。"欢聚和离散都是这样匆促，心中的遗恨却无尽无穷。

"今年花胜去年红。可惜明年花更好，知与谁同？"这是把朋友别情熔铸于赏花中，将三年的花加以比较，层层推进，以惜花写惜别，构思新颖，富有诗意，是篇中的绝妙之笔。

采桑子十首（其二）

欧阳修

轻舟短棹西湖好，

绿水逶迤，

芳草长堤，

隐隐笙歌处处随。

无风水面琉璃滑，

不觉船移，

微动涟漪，

惊起沙禽掠岸飞。

【诗题 / 词牌】

　　欧阳修一共写了十首《采桑子》，叶嘉莹先生在《给孩子的古诗词》中选了其中五首，一方面叶先生自己是喜欢的，另一方面叶先生一定认为《采桑子》以写景为主，比较适合孩子学习。欧阳修的十首《采桑子》第一句都以"西湖好"结尾，不过这个西湖不是杭州西湖，而是安徽颍州的西湖。宋代颍州为东京汴梁的畿辅之地，也是南北漕运和商旅要道。从宋仁宗庆历年间起，颍州及其西湖就不断见于文人笔端，比如晏殊、欧阳修、吕公著、苏轼、赵德麟等文人名士。欧阳修当年在颍州做官，非常喜欢西湖这个地方，多年之后，他挂冠退隐回到颍州，写下了十首《采桑子》。采桑子把颍州西湖写得很美，不信，我们等会儿一起学习一下这首《采桑子·轻舟短棹西湖好》。另外，欧阳修把盛衰今夕人生感慨也写得很好。

【赏析】

　　"轻舟短棹西湖好，绿水逶迤，芳草长堤，隐隐笙歌处处随。"西湖风光好，驾轻舟划短桨多么逍遥。碧绿的湖水绵延不绝，长堤上花草散出芳香。隐隐传来音乐歌唱，歌声像是随着船儿在湖上飘荡。

　　"无风水面琉璃滑，不觉船移，微动涟漪，惊起沙禽掠岸飞。"无风的水面，光滑得好似琉璃一样，西湖一平如镜，所以不觉得船儿在前进，只见微微的细浪在船边荡漾。看！被船儿惊起的水鸟，正掠过湖岸飞翔。

　　描写四季风景是《采桑子》这组词的重要内容。这首写的是春色中的西湖，风景与心情，动感与静态，视觉与听觉，两两对应而结合，形成了一片流动中的风景。全词以轻松淡雅的笔调，描写泛舟西湖时所见的美丽景色，以"轻舟"作为观察风景的基点，舟动景换，但心情的愉悦是一以贯之的，读来清新可喜。

采桑子十首（其四）

欧阳修

画船载酒西湖好，
急管繁弦，
玉盏催传，
稳泛平波任醉眠。

行云却在行舟下，
空水澄鲜，
俯仰留连，
疑是湖中别有天。

【赏析】

整首《采桑子十首（其四）》表现的是作者饮酒游湖之乐。上片"画船载酒西湖好，急管繁弦，玉盏催传，稳泛平波任醉眠。"西湖风光好，我们乘着画船载着酒肴在湖中游赏，急促繁喧的乐声中，不停地传着酒杯。风平浪静，缓缓前进的船儿中安睡着醉倒的客人。"急管繁弦"指画舫中的音乐表演变化丰富而节拍紧凑。玉盏，玉制酒杯。

下片"行云却在行舟下，空水澄鲜，俯仰留连，疑是湖中别有天。"大意是醉眼俯视湖中，白云在船下浮动，天空与水面都是澄澈宁静。仰视蓝天，俯视湖面，水天相映使人疑惑，湖中另有一个世界。"行云却在行舟下"是指天上流动的云彩倒影在水中，仿佛就在行船之下。"俯仰"就是仰观俯察，观赏的意思。

　　上片描绘载酒游湖时船中丝竹齐奏、酒杯频传的欢乐场面。下片写酒后醉眠船上，作者醉眼中的西湖之景。即事即目，触景生情，信手拈来，不假雕琢。

采桑子十首（其五）

欧阳修

何人解赏西湖好，
佳景无时，
飞盖相追，
贪向花间醉玉卮。

谁知闲凭阑干处，
芳草斜晖，
水远烟微，
一点沧洲白鹭飞。

【作者】

　　作为西湖的老熟客，欧阳修特别喜欢颍州西湖，一共写了十首《采桑子》，但是每一首赞美西湖都有不同的视角。我们看看这第五首怎么写的。

【赏析】

　　"何人解赏西湖好，佳景无时，飞盖相追，贪向花间醉玉卮。""飞盖相追"是什么意思呢？这是化用曹植的诗："清夜游西园，飞盖相追随。"盖，车篷。飞盖，奔驰的马车。玉卮，玉做的杯子；卮，饮酒的圆形器皿。谁能看得懂西湖的美丽？西湖任何时候都是美景。驱车去追寻，还不如在花丛绿树中饮酒贪欢。

"谁知闲凭阑干处，芳草斜晖，水远烟微，一点沧洲白鹭飞。"晖，阳光。"芳草斜晖，水远烟微"这两句特别诗情画意。沧洲，水边的陆地。谁知道随意地靠在栏杆处，往远处一看，绿草斜阳正美。水波幽远，烟雾飘渺，白鹭飞来，仿佛水滨之间只有一点。

欧阳修经常游览西湖，所以他能在暮春败景、歌散人去之处发现西湖特殊的美感与韵味。该词上片是说，西湖的第一点好处，是在于"佳景无时"——一年四季风景俱佳，春景、夏景、秋景、冬景各有各的妙处；一天之中，无论晓景、午景、黄昏之景，也都各具特色。正因为如此，一年到头，从早到晚，都有车马载着游客翩翩而至。人们往往在花间饮酒，用醉眼观景，直至尽兴方归。

在下片中，作者则告诉人们，虽然西湖"佳景无时"，但好中选优，最妙的还是黄昏，但见芳草斜阳，水远烟微，水边草地上还有高洁潇洒的白鹭在自由自在地飞翔。欧阳修晚年定居颍州，是想在这里度过他的桑榆晚景，他对西湖黄昏之景情有独钟，这是多么符合一个垂暮老人的心理！

这首词如同一幅清丽活泼、空灵淡远的风景画，美不胜收，清新可爱。

采桑子十首（其六）

欧阳修

清明上巳西湖好，
满目繁华，
争道谁家，
绿柳朱轮走钿车。

游人日暮相将去，
醒醉喧哗，

路转堤斜，

直到城头总是花。

【诗题/词牌】

这首词是写清明时节西湖游春的热闹繁华景象，从侧面来写西湖之美，着意描绘游春的欢乐气氛。古人用干支记日，上巳是阴历三月上旬的巳日，是一年的第一个巳日。上巳这一天历来有到水滨踏青的习俗。

【赏析】

"清明上巳西湖好，满目繁华，争道谁家，绿柳朱轮走钿车。"作者一开始点明节令后，然后说"满目繁华"，用一句话来概括当时红男绿女、车水马龙、熙来攘往的情景。接下去便作具体描述："争道谁家"，把那种闹哄哄的人群拥挤、车马争道的场面活绘了出来。不仅行人众多，而且车辆也川流不息："绿柳朱轮走钿车。"朱轮，用红漆涂过的车轮。钿车，用金属、宝石镶嵌作装饰的轿车。在绿柳那边，还有红色轮子、光彩闪耀的轿车来来往往。上阕欧阳修没有直接写西湖风光，而是写游人争先恐后涌到西湖边来，从侧面来表现西湖景色对人们的吸引力。

上阕写人们在清明上巳来湖边游春的情景，下阕则是写他们日暮兴尽而归的路上景象。"游人日暮相将去，醒醉喧哗，路转堤斜，直到城头总是花。"人们经过一天的游春活动，到日暮时，相随而去。他们有些在节日郊游中喝得醉醺醺的，"醒醉喧哗"四个字把那些不管是醉的、醒的、歌唱着的、嬉笑着的、高谈阔论的、各种欢乐的声音，各种欢乐的姿态，都包括在里面。结句从远距离来写归途中的人流："路转堤斜，直到城头总是花。"人们沿着弯转高低的路走向城头，一眼望去都是花。这里的"花"是泛指，一方面是指路边的野花正开，一路不断，花伴人行；另一方面是人流中如花一般的姑娘们，她们头上戴着花，所以句中用个"总"字。

这首词从开始到结束都贯穿着"繁华""喧哗"的节日气氛，词中每一句都有丰富的内涵，构成一幅生动的游春图。

采桑子十首（其七）

欧阳修

荷花开后西湖好，

载酒来时，

不用旌旗，

前后红幢绿盖随。

画船撑入花深处，

香泛金卮。

烟雨微微，

一片笙歌醉里归。

【赏析】

上片：荷花开后西湖的风光正好，我们划着船，载着酒宴来赏玩，用不着旌旗仪仗，自有红花为幢（chuáng），绿叶为盖，随船而来。旌旗是古代达官贵人出行的仪仗，其中包括"幢"和"盖"，幢是指帐幔，盖是像伞一样的遮阳用具。红色的荷花就像红幢，绿色的荷叶就像绿盖，所以划船游荷塘，根本用不着旌旗仪仗，荷花荷叶就是天然的仪仗。

下片：画舫驶进了荷花丛深处，金色的杯子里泛起酒香，还有荷花的香味。烟雾夹着微雨，在一片音乐歌声里，船儿载着醉倒的游客归去了。"卮"（zhī）是古代盛酒的器皿，"笙"（shēng）是指簧管乐器。《采桑子十首（其七）》的下片让人联想到《采桑子十首（其五）》的上片，其实有一些相似之处，"何人解赏西湖好，佳景无时，飞盖相追，贪向花间醉玉卮。"

《采桑子十首（其七）》写词人泛舟荷花深处，赏花、饮酒、听曲，完全沉醉在大自然的美景中。

定风波

苏　轼

莫听穿林打叶声，
何妨吟啸且徐行。
竹杖芒鞋轻胜马，
谁怕？
一蓑烟雨任平生。

料峭春风吹酒醒，
微冷，
山头斜照却相迎。
回首向来萧瑟处，
归去，也无风雨也无晴。

【诗题 / 词牌】

《定风波》也是教坊曲目，什么是教坊？教坊为唐宋两朝官方艺术机构，专门管理雅乐以外的乐舞百戏。

这首词前面是有一小段"序"的："三月七日，沙湖道中遇雨。雨具先去，同行皆狼狈，余独不觉，已而遂晴，故作此词。"大意就是三月七日这一天词人与朋友春日出游，风雨忽至，朋友深感狼狈，词人却毫不在乎，吟咏自若，缓步而行，不久天气也放晴了。

【赏析】

这首记事抒怀之词作于公元 1082 年春天，当时是苏轼因"乌台诗案"被贬为黄州团练副使的第三个春天。照常理，应该是心情郁闷的，不过苏东坡一直有很好的修养和胸怀，平生经历无数挫折打击，都能安之若素。

首句"莫听穿林打叶声"，雨确实很大，打在叶子上都哗哗作响，雨骤风狂，但是作者前面加了"莫听"两个字，风大雨大不足萦怀。"何妨吟啸且徐行"是前一句的延伸，何妨在雨中照常缓行慢走，还要边走边吟，徐行而又吟啸，真是俏皮。"竹杖芒鞋轻胜马"：竹杖和草鞋轻捷得胜过骑马。"谁怕？一蓑烟雨任平生"：有什么可怕的？一身蓑衣任凭风吹雨打，照样过我的一生，传达出一种搏击风雨、笑傲人生的轻松和豪迈之情。"一蓑烟雨任平生"此句更进一步，由眼前风雨推及整个人生，确实，苏东坡面对人生的风风雨雨，我行我素，不畏坎坷，超凡脱俗。

　　上片写雨中，下片写雨后。"料峭春风吹酒醒，微冷，山头斜照却相迎"：雨后的春风微冷，把我的酒意吹醒，这时山头初晴的斜阳迎面照过来。这几句既与上片所写风雨对应，又为下文所发人生感慨作铺垫。"回首向来萧瑟处，归去，也无风雨也无晴。"这是整首词的点睛之笔，道出了词人在大自然微妙的一瞬所获得的顿悟：自然界的雨晴常来常往，社会人生中的政治风云、荣辱得失又何足挂齿？

水调歌头

苏　轼

明月几时有，
把酒问青天。
不知天上宫阙，
今夕是何年。
我欲乘风归去，
又恐琼楼玉宇，
高处不胜寒，
起舞弄清影，
何似在人间。

转朱阁，

低绮户，

照无眠。

不应有恨，

何事长向别时圆？

人有悲欢离合，

月有阴晴圆缺，

此事古难全。

但愿人长久，

千里共婵娟。

【诗题 / 词牌】

《水调歌头》是词牌名，双调，九十五字，上阕九句四平韵、下阕十句四平韵。《水调歌头》最早是隋炀帝凿汴河时所作。"水调"这两个字典出于隋炀帝命人凿京杭大运河的历史典故，"头"指的是第一章，所以叫"水调歌头"。

【赏析】

《水调歌头·明月几时有》是大家比较熟悉的中秋望月怀人之作，但是可能不一定了解这首词主要是寄托了作者苏轼对胞弟苏辙的无限怀念。苏轼兄弟手足情深，苏轼曾经要求调任到离弟弟较近的地方为官，但是公元1074年苏轼调任密州，兄弟相会的愿望根本无法实现。公元1076年的中秋，词人面对一轮明月，心潮起伏，于是乘酒兴挥笔写下了这首名篇。

这首词有一段小序："丙辰中秋，欢饮达旦，大醉，作此篇，兼怀子由。"言简意赅地交代了写作背景。苏轼的弟弟苏辙字子由。

"明月几时有，把酒问青天。"一开始词人就提出一个问题：明月从什么时候才开始出现的？我端起酒杯遥问苍天。把酒问天这一细节与屈原的《天问》和李白的《把酒问月》有相似之处。

接下来两句："不知天上宫阙，今夕是何年。"把对于明月的赞美与向往之情更推进了一层。不知道在月宫里今晚是一个什么日子。很自然，词人表示很想去看一看，所以接着说："我欲乘风归去，又恐琼楼玉宇，高处不胜寒"。唐人称李白为"谪仙"，黄庭坚则称苏轼与李白为"两谪仙"，他们前世都是天上的仙人，这一世被贬谪到人间。你看，苏轼自己设想前生是月中人，因此起了"乘风归去"的想法，他想乘风飞向月宫，又怕月宫里美玉砌成的楼宇太高了，受不住那儿的寒冷。"起舞弄清影，何似在人间"：与其飞往高寒的月宫，还不如留在人间趁着月光起舞。清影，是指月光之下自己清朗的身影。李白《月下独酌》说："我歌月徘徊，我舞影零乱。"苏轼的"起舞弄清影"就是脱胎于此。"高处不胜寒"并非作者不愿回到月宫的根本原因，"起舞弄清影，何似在人间"才是留下的原因。

下阕怀人，即兼怀子由，由中秋的圆月联想到人间的离别，同时感念人生的离合无常。"转朱阁，低绮户，照无眠。不应有恨，何事长向别时圆？"月儿转过朱红色的楼阁，低低地挂在雕花的窗户上，照着没有睡意的自己。明月不该对人们有什么怨恨吧，为什么偏在人们离别时才圆呢？这是埋怨明月故意与人为难，进一步衬托出词人对胞弟的思念，同时含蓄地表示了对于不幸的离人的同情。"人有悲欢离合，月有阴晴圆缺，此事古难全。但愿人长久，千里共婵娟。"人有悲欢离合的变迁，月有阴晴圆缺的转换，这种事自古以来难以周全。只希望这世上所有人的亲人能平安健康，即便相隔千里，也能共享这美好的月光。婵娟，是美好的样子，这里指嫦娥，也就是代指明月。"共婵娟"就是共明月的意思。所以说这首词表达了苏轼对弟弟苏辙的怀念之情，但并不限于此。可以说这首词是苏轼在中秋之夜，对一切经受着离别之苦的人表示的美好祝愿。

《水调歌头·明月几时有》是苏轼代表作之一。这首词仿佛是与明月的对话，在对话中探讨着人生的意义，既有理趣，又有情趣，很耐人寻味。全词意境豪放而阔大，情怀乐观而旷达，对明月的向往之情，对人间的眷恋之意，浪漫的色彩，潇洒的风格和行云流水一般的语言，给读者带来亘古不变的美学享受。

浣溪沙

秦　观

漠漠轻寒上小楼，
晓阴无赖似穷秋。
淡烟流水画屏幽。

自在飞花轻似梦，
无边丝雨细如愁。
宝帘闲挂小银钩。

【作者】

秦观，字少游，世称淮海先生，江苏高邮人，被尊为婉约派一代词宗，北宋文学家、词人。他是苏门四学士之一，就是苏轼门下最优秀的四位学生之一，另外三位是黄庭坚、晁补之、张耒。秦观的代表作品流传最广的应该是《鹊桥仙》，今天学习的这首《浣溪沙》也曾被誉为《淮海词》中小令的压卷之作。秦少游的词写得非常好，但因为多数比较悲观，叶嘉莹先生觉得不太适合儿童诵读，就只选了一首。

【赏析】

"漠漠轻寒上小楼，晓阴无赖似穷秋。淡烟流水画屏幽。"漠漠，有广大一片的意思，也表示冷漠。轻寒，不是严寒，是春天的寒冷。晓阴，早晨天阴着。无赖，表示无可奈何。穷秋，秋天走到了尽头。在春寒料峭的天气里独自登上小楼，早上的天阴着好像是在深秋。屋内画屏上轻烟淡淡，流水潺潺。

"自在飞花轻似梦，无边丝雨细如愁。宝帘闲挂小银钩。"天上自由自在飘飞的花瓣轻得好像夜里的美梦，天空中飘洒的雨丝细得好像心中的忧愁。回到屋子里，随意用小银钩把帘子挂起。

通过他的词，我们可以感受到词人内心的微妙和敏感。《浣溪沙》以柔婉曲折之笔，写出了一种淡淡的闲愁。秦观，被后人称为"古之伤心人"，秦观年少丧父，仕途坎坷，一再受到排抑，科举宦仕的不如意，泛化为一种凄怨感伤的心境，弥漫在他的词作之中。最后和大家分享秦观的《鹊桥仙》：

纤云弄巧，飞星传恨，银汉迢迢暗度。
金风玉露一相逢，便胜却人间无数。

柔情似水，佳期如梦，忍顾鹊桥归路。
两情若是久长时，又岂在朝朝暮暮。

浣溪沙

周邦彦

楼上晴天碧四垂，
楼前芳草接天涯。
劝君莫上最高梯。

新笋已成堂下竹，
落花都上燕巢泥。
忍听林表杜鹃啼。

【诗题 / 词牌】

周邦彦的这首《浣溪沙》是写暮春的时候，词人登高远望，触发的惜春伤怀之情。中国古代的诗词中写伤春惜春的主题确实很多。我们来看看周邦彦怎么写暮春。

周邦彦，字美成，号清真居士，钱塘（今浙江杭州）人，北宋词人。周邦彦还是一个了不起的音乐家，曾创作不少新词调，特别是他还开拓出了长调这样的一种词调格式。因为周邦彦写的长调太复杂了，所以叶嘉莹先生在诗选中只为读者选了一首小令。

【赏析】

诵读的时候，天涯的"涯"要注意，诗韵里可以押麻韵，念 yá，可以压佳韵，念 ái，这里是压支韵，念 yí。新笋已成堂下竹的"竹"要念入声。

"楼上晴天碧四垂，楼前芳草接天涯。劝君莫上最高梯。"晴空万里，我登上高楼，四面青天与远处绿野相接，自高而下，同一碧色。所以叫"碧四垂"。在楼上眺望远方，一片芳草绿到天边。劝你不要登上高楼的顶点，为什么呢？因为登高在古代有思乡的意思。所以此时登高怀远，最是伤怀。

"新笋已成堂下竹，落花都上燕巢泥。忍听林表杜鹃啼。"这两句写得真好，时光流传，早春的新笋已经长成竹子了，而落花也被燕子和着泥土，衔去筑巢。此时再怎么忍心听那林梢上传来杜鹃的啼叫呢？林表：林外。传说杜鹃叫声哀苦，好像在叫"不如归去"，勾人乡思。

如梦令

李清照

常记溪亭日暮，
沉醉不知归路。
兴尽晚回舟，
误入藕花深处。
争渡，争渡，
惊起一滩鸥鹭。

【诗题 / 词牌】

顾名思义，《如梦令》是词牌中的小令。词根据字数的多少，大致可分三类：小令、中调和长调。现存李清照《如梦令》词有两首，都是记游赏之作，都写了酒醉、花美，清新别致。这首小词，回忆作者荷丛荡舟，沉醉不归，虽然并无深意，但写得生动而传神，即使今天读来，还是引人入胜的。而且你去细想想，封建礼教重压之下的宋代，一个书香门第的女子，到郊野游玩，还喝得大醉，那可是非常稀罕的。所以这也表现了李清照性格中任情豪放的一面。

【作者】

李清照，号易安居士，山东济南人。宋代（南北宋之交）女词人，婉约词派代表，有"千古第一才女"之称。

【赏析】

"常记溪亭日暮，沉醉不知归路。"前两句起笔平淡，把读者自然而然地引到了她所创造的词境。"常记"明确表示追述，地点在"溪亭"，时间是"日暮"，作者饮宴以后，已经醉得连回去的路径都辨识不出了。

"兴尽晚回舟，误入藕花深处。"果然，接写的"兴尽"两句，就把这种意兴递进了一层，一直玩到尽兴才乘舟返回，却迷途进入藕花池的深处。人的一生有多少次是能够尽兴的呢？也只有青春年少时吧，所以特别难得，也特别难忘。

"争渡，争渡，惊起一滩鸥鹭。"一连两个"争渡"，可以想象当时手忙脚乱的样子。正是由于"争渡"，所以又"惊起一滩鸥鹭"，把停栖在洲渚上的水鸟都吓飞了。至此，小令戛然而止，言尽而意未尽，耐人寻味。

这首小令不是流水账式地写她的郊游，而是只选取了几个特别有镜头感的片断，把移动着的风景和作者怡然的心情融合在一起，富有一种自然健康的美感。

如梦令

李清照

昨夜雨疏风骤，
浓睡不消残酒。
试问卷帘人，
却道海棠依旧。
知否，知否？
应是绿肥红瘦。

【赏析】

　　李清照不算是一位高产的词人，流传至今的只有四五十首，但是每一首都是流传众口的佳作，这首《如梦令·昨夜雨疏风骤》就是天下称之的不朽名篇。这首小令，有人物，有场景，居然还有对白，充分展示了宋词的语言表现力和李清照的个人才华。

　　"昨夜雨疏风骤，浓睡不消残酒。"昨天夜里雨点虽然稀疏，但是风刮了一宿。我酣睡一夜，醒来后居然还感觉到有些酒意没有消尽。为什么头天晚上喝酒？词人没有明说，不过从后面的内容可以大致推知，那就是昨夜酒醉是为了赏花，女词人不忍心看到海棠花谢，所以昨夜在海棠花下饮酒赏花，直到今早尚有余醉。

　　"试问卷帘人，却道海棠依旧。"尽管一夜浓睡，但是酒醒后所关心的第一件事还是园中的海棠。词人知道海棠不堪一夜风雨，窗外一定是残红狼藉、落花满眼，于是向正在卷帘的侍女问个究竟。为什么要"试问"？因为她自己不忍心亲自去查看，但是又特别关心窗外的花事。这位侍女的回答是："海棠依旧如故。"

　　"知否，知否？应是绿肥红瘦。"这位粗心不敏感的侍女哪里体会得了女主人的小心思，所以词人反问："知道吗？知道吗？应该是绿叶繁茂、红花凋零。"末了的"绿肥红瘦"是全词的点睛之笔，历来为世人所称道，"绿"是指叶子，"红"代指花朵，绿与红是两种颜色的对比；"肥"是形容雨后的叶子因为水分充足而茂盛肥大，"瘦"就是指雨后的花朵不堪风雨凋零稀疏，肥与瘦是两种状态的对比。本来平平常常的四个字"绿""肥""红""瘦"，经词人的搭配组合，显得如此生动形象。这首小词通过词人细微敏锐的感觉，委婉地表达了怜花惜花的心情，也流露出词人淡淡的哀伤。

南歌子

李清照

天上星河转，
人间帘幕垂。
凉生枕簟泪痕滋。
起解罗衣聊问夜何其。
翠贴莲蓬小，
金销藕叶稀。
旧时天气旧时衣。
只有情怀不似旧家时。

【诗题/词牌】

这个曲牌又名《断肠声》，而李清照这首词的立意，与《断肠声》多么相合。

【作者】

李清照的创作生涯，横跨动荡的北宋末年和南宋初年，大致可以分为前后两个时期。前期生活美满富足，所以作品从内容上看都是蕴藏着倜傥的闺情。著名的有我们学过的《如梦令》。李清照43岁时，金兵南下，家国沦陷，南渡第二年，丈夫赵明诚病故，在这种家破人亡颠沛流离的生活背景下，词人的后期作品抒写了悲切凄苦的心情，比较有代表性的是《声声慢》，还有今天学习的这首《南歌子》。

【赏析】

"天上星河转，人间帘幕垂"：随着四季的转变，天上银河的方向是不同的。也就是说天河转向，天气就转凉了，于是人间都挂起厚厚的帷幕。这两句写节候变化，但是其中隐藏了人世的变化。"凉生枕簟泪痕滋"：枕簟（diàn），枕头和竹席。滋：增加。床上的枕席是凉的，为什么？一种原因是天气转冷了，更重要的原因是作者夜里流下了泪水。"起解罗衣聊问夜何其"：和衣而睡，醒来脱去绸缎外衣，随即问道："夜已到何时"，"夜何其"出自《诗经·小雅·庭燎》："夜如何其？夜未央"，面对长夜，不知到了几更天？什么时候才天亮？

"翠贴莲蓬小，金销藕叶稀"：用青绿色的丝线绣成的莲蓬已经变小，用金线绣制的荷叶颜色减退，变得单薄而稀疏。这里的莲蓬藕叶都是指旧时衣服上的金线绣的花叶。为什么莲蓬藕叶会变小变稀薄呢？因为这是一件穿了多年的罗衣，磨损严重。这也是讲人世沧桑，今非昔比。"旧时天气旧时衣。只有情怀不似旧家时"：每逢秋凉，还总是穿上这件罗衣。这件罗衣对词人有什么意义呢，给读者留下很多猜想的空间。"只有情怀不似旧家时"：唯独人的心情不像从前舒畅适时。

一首《南歌子》慨叹盛衰巨变，却都用闺房的语气写成，这就是李清照举重若轻的功力。

满江红

岳 飞

怒发冲冠，
凭阑处、潇潇雨歇。
抬望眼，仰天长啸，
壮怀激烈。

三十功名尘与土，

八千里路云和月。

莫等闲、白了少年头，

空悲切。

靖康耻，犹未雪；

臣子恨，何时灭？

驾长车、踏破贺兰山缺。

壮志饥餐胡虏肉，

笑谈渴饮匈奴血。

待从头、收拾旧山河，

朝天阙。

【诗题/词牌】

岳飞的这首词是千古传诵的爱国名篇，不过关于这首词一直有两个疑点：第一，作者到底是不是岳飞？我们宁愿相信就是岳飞写的；第二，如果是岳飞所做，到底是什么时候做的？有的说是岳飞第一次北伐，大概30岁出头的样子，但是很多学者认为这首词是岳飞入狱后所做，我个人也倾向后者。

【作者】

岳飞，字鹏举，宋代的民族英雄和词人。

【赏析】

在诵读的时候，注意整首词都是压入声韵。"怒发冲冠，凭阑处、潇潇雨歇"：怒发冲冠的作者，独自登高凭栏远眺，骤急的风雨刚刚停歇。"抬望眼，仰天长啸，壮怀激烈"：抬头远望天空，禁不住仰天长啸，一片报国之心充满心怀。"三十功名尘与土，八千里路云和月"：这些年来虽已建立一些功名，但如同尘土微不足道，南北转战八千里，经过多少风云人生。简简单单十四字，把作者半生壮志都写尽了。"莫等闲、白了少年头，空悲切"：这一句是教育年轻人要抓紧时间时经常用到的名句。

"靖康耻，犹未雪；臣子恨，何时灭"：靖康之变的耻辱，至今仍然没有被雪洗。靖康是北宋最后一个皇帝宋钦宗的年号，靖康二年，北宋就灭亡了。作为国家臣子的愤恨，何时才能泯灭！"驾长车、踏破贺兰山缺"：我要驾着战车向北方进攻，连贺兰山也要踏为平地。有人说《满江红》不是岳飞写的，原因就在这一句。贺兰山南宋是属于西夏，不是金国地区，但是理解诗词不需要这么死板，贺兰山可以泛指遥远的北部边疆。"壮志饥餐胡虏肉，笑谈渴饮匈奴血"，这两句夸张且豪迈。"待从头、收拾旧山河，朝天阙"：待我重新收复旧日山河，再带着捷报向国家报告胜利的消息！朝天阙：朝见皇帝。天阙：本指宫殿前的楼观，此指皇帝生活的地方。

卜算子·咏梅

陆　游

驿外断桥边，
寂寞开无主。
已是黄昏独自愁，
更著风和雨。

无意苦争春，
一任群芳妒。
零落成泥碾作尘，
只有香如故。

【诗题 / 词牌】

该诗又名《百尺楼》《眉峰碧》等。双调，四十四字，仄韵。中国人特别推崇梅花，梅兰竹菊四君子，梅花是摆在首位的；岁寒三友也有梅花。中国人把梅花的自然属性拟人化，从古到今一直赞美梅花的品格和操守，比如，王安石的《咏梅》、王冕的《墨梅》等，这次我们一起学习陆游的《卜算子·咏梅》，这首词上阕写景，下阕表志，显示出身处逆境而矢志不渝的崇高品格。

【作者】

　　陆游是南宋著名诗人、词人。陆游生逢北宋灭亡之际，少年时深受家庭爱国思想的熏陶。宋孝宗即位后，赐进士出身，但因坚持抗金，屡遭主和派排斥。总之，陆游的仕途非常不顺，一直报国无门。陆游是位长寿且高产的文学家，他创作的词有140余首。陆游词的主要内容是书写爱国情怀，抒发壮志未酬的幽愤。这次学习的《卜算子·咏梅》就是他的代表作之一。

【赏析】

　　"驿外断桥边，寂寞开无主。已是黄昏独自愁，更着风和雨"：驿亭之外的断桥边，梅花自开自落。这首词描写的梅花可不是达官贵人花园里的梅花，而是路边的野梅。暮色降临，梅花无依无靠，已经够愁苦了，却又遭到了风雨的摧残。"着"表示遭受，上片是既有景语，更多的是情语。

　　"无意苦争春，一任群芳妒。零落成泥碾作尘，只有香如故"：梅花并不想费尽心思去争芳斗艳，对百花的妒忌与排挤毫不在乎。写物与写人，已经完全交织在一起了。即使凋零了，被碾作泥土，又化作尘土了，梅花依然散发出缕缕清香。末句具有扛鼎之力，把前面梅花的不幸处境，包括风雨侵凌、凋残零落、成泥作尘的凄凉，一股脑儿抛到九霄云外去了。可以再去对比一下王安石的《北陂杏花》最后两句："纵被春风吹作雪，绝胜南陌碾成尘。"陆游的用意更深沉！

诉衷情

陆　游

当年万里觅封侯，
匹马戍梁州。
关河梦断何处？

尘暗旧貂裘。

胡未灭，
鬓先秋，
泪空流。
此生谁料，
心在天山，
身老沧洲。

【诗题 / 词牌】

词牌《诉衷情》是晚唐文学家温庭筠创制此调。后人更名为《桃花水》《试周郎》等。

【作者】

陆游中年入蜀，投身军旅生活，当时的蜀地就是南宋的最前线，翻过蜀地江山，就到陕西了。这种军僚幕府生活仅仅持续了八个月，是陆游一生中唯一一次亲临抗金前线，对他的很多文学作品有很大影响。

【赏析】

"当年万里觅封侯，匹马戍梁州"：当年是指宋孝宗八年，应四川宣抚使王炎的邀请，陆游到达汉中任职。陆游到达的汉中就属于词中所说的梁州。其实这首词的理解很大程度上有赖于对词中各种地名的理解。回忆当年鹏程万里为了寻找建功立业的机会，单枪匹马奔赴边境保卫梁州。"关河梦断何处？尘暗旧貂裘"：关河就是指边地。如今防守边疆要塞的从军生活只能在梦中出现，梦一醒不知身在何处？灰尘已经盖满了旧时出征的貂裘。"尘暗旧貂裘"是用苏秦典故，说自己不受重用，未能施展抱负。

"胡未灭，鬓先秋，泪空流"：胡人还未消灭，鬓边已呈秋霜，感伤的眼泪白白地淌流。鬓，发；秋，秋霜，比喻年老鬓白。"此生谁料，心在天山，身老沧洲"：这一生谁能预料，原想一心一意抗敌在天山，如今却一辈子老死于沧州！两个地名的对比，天山与沧州。天山，在中国西北部，是汉唐时的边疆。这里代指南宋与金国相持的西北前线。沧洲：靠近水的地方，古时常用来泛指隐士居住之地。这里是指作者位于镜湖之滨的家乡。

陆游作这首词时，已年近七十，身处故地，未忘国忧，烈士暮年，雄心不已。我们还可以参考他的一首诗《十一月四日风雨大作》："僵卧孤村不自哀，尚思为国戍轮台。夜阑卧听风吹雨，铁马冰河入梦来。"

鹧鸪天

辛弃疾

陌上柔桑破嫩芽。
东邻蚕种已生些。
平冈细草鸣黄犊，
斜日寒林点暮鸦。
山远近，路横斜。
青旗沽酒有人家。
城中桃李愁风雨，
春在溪头荠菜花。

【诗题 / 词牌】

词牌《鹧鸪天》是小令词调，双片五十五字，上片四句三平韵，下片五句三平韵。

【作者】

辛弃疾是叶嘉莹先生非常推重的词人，在这本诗词选里一共选了他 12 首词。辛弃疾，南宋爱国词人，字幼安，别号稼轩，山东人。辛弃疾出生时，中原已为金兵所占。二十一岁参加抗金义军，一生力主抗金。由于辛弃疾的抗金主张与当政的主和派政见不合，后被弹劾落职，退隐江西。辛弃疾不光有武功、韬略，而且他也是一个非常有诗意有情趣的人，对于宇宙万物都有所关怀，所以他写的大自然的小词非常值得一读。

【赏析】

在诵读的时候，"东邻蚕种已生些"最后一个字压麻韵，读 xiā。"路横斜"，这个"斜"要念 xiá。全词从不同视角描绘乡村春意盎然的景象，看上去好像是随意下笔，但细细体会，情味盎然，意蕴深厚。

"陌上柔桑破嫩芽。东邻蚕种已生些。"村头小路边桑树柔软的枝条，刚刚绽放嫩芽。东面邻居家养的蚕种已经孵出了蚕宝宝。"平冈细草鸣黄犊，斜日寒林点暮鸦。"平缓山岗上，细草间小黄牛犊儿在鸣叫，落日斜照进枯寒的树林，树枝间休息着一只只乌鸦。

"山远近，路横斜。青旗沽酒有人家。"山有的远些，有的近些，路有的横向，有的斜向，青布酒旗那边有家小酒铺，可以打一些酒来。"城中桃李愁风雨，春在溪头荠菜花。"城里的桃花李花把风雨当作折磨，一派愁苦，这里把桃花李花拟人化了。最明媚的春色，正在溪头一片荠菜花里。

这首小令并不是平铺直叙的，它有一些波澜，比如"斜日寒林点暮鸦""城中桃李愁风雨"都透出了愁苦之音，但是最后一句的"春在溪头荠菜花"就是画龙点睛之笔，让人在春天还是感到了很多的鼓舞。如果结合辛弃疾的人生经历，可能分析起来会更深透。

西江月

辛弃疾

明月别枝惊鹊，
清风半夜鸣蝉。
稻花香里说丰年，
听取蛙声一片。

七八个星天外，
两三点雨山前。
旧时茅店社林边，

路转溪桥忽见。

【诗题 / 词牌】

这是辛弃疾中年时经过江西上饶黄沙岭道时写的一首词，所以这首词的题目也叫《西江月·夜行黄沙道中》。

【作者】

辛弃疾是南宋豪放派的词人，有"词中之龙"之称，北宋的苏轼开创了豪放词派，辛弃疾承续了这个传统，所以文学史上辛弃疾与苏轼合称"苏辛"。不过辛弃疾的词不全都是壮怀激烈、慷慨纵横的词作，而是有着非常多元的风格，今天学习的这首词就是一首乡村词。

【赏析】

这首词中学生应该都很熟悉，字词也简单。"明月别枝惊鹊，清风半夜鸣蝉。稻花香里说丰年，听取蛙声一片。"上片也就第一句"明月别枝惊鹊"有点难理解，天边的明月升上了树梢，惊飞了栖息在枝头的喜鹊。这句词是不是让人想起了王维的《鸟鸣涧》："人闲桂花落，夜静春山空，月出惊山鸟，时鸣春涧中。"上片四句是抒写当时当地的夏夜山道的景物和词人的感受。鸟飞、风吹、蝉鸣、蛙声，简简单单四句话，我们眼前立刻展现出乡村夜半的温馨、静谧、具有生活气息的场景。

"七八个星天外，两三点雨山前。旧时茅店社林边，路转溪桥忽见。"原来作者光顾着听鸣蝉，光顾着听蛙声，光顾着看星星，居然有点迷路了，正在恍惚之间，跨过溪桥，转过一条路，一拐弯儿，社林边上的不就是旧时的茅店吗？一种偶遇的喜出望外让读者都能感觉到。

鹧鸪天·博山寺作

辛弃疾

不向长安路上行。

却教山寺厌逢迎。

味无味处求吾乐，

材不材间过此生。

宁作我，岂其卿。

人间走遍却归耕。

一松一竹真朋友，

山鸟山花好弟兄。

【作者】

辛弃疾二十岁离开故乡山东到南方，本以为凭着自己的武功才略可以建功立业，收复失地，然而宋高宗、秦桧没有收复失地的愿望，所以辛弃疾在南宋三次被贬官。这样一个英雄豪杰被朝廷二三十年放弃不用，心中有多少苦闷和悲慨。这首《鹧鸪天·博山寺作》就是写这样的心境。

【赏析】

"不向长安路上行。却教山寺厌逢迎。味无味处求吾乐，材不材间过此生。"长安路：喻指仕途。长安，借指南宋京城临安。厌逢迎：往来山寺次数太多，令山寺为之讨厌。此为调侃之语。作者说他不在往帝都的路上奔波，却多次往来于山寺以致让山寺讨厌。在有味与无味之间追求生活乐趣，在材与不材之间度过一生。我的才干没有人欣赏，才能再大也没有用。

"宁作我，岂其卿。人间走遍却归耕。一松一竹真朋友，山鸟山花好弟兄"：我宁可保持自我的独立人格，也不趋炎附势猎取功名。走南闯北过了大半生，最后还是要躬耕田园。松竹是我的真朋友，花鸟是我的好弟兄。

清平乐·村居

辛弃疾

茅檐低小，
溪上青青草。
醉里吴音相媚好，
白发谁家翁媪？

大儿锄豆溪东，
中儿正织鸡笼。
最喜小儿亡赖，
溪头卧剥莲蓬。

【诗题 / 词牌】

词牌《清平乐》又名《清平乐令》《醉东风》，是宋词中常用词牌。

【作者】

大词人辛弃疾的词有不少作品是写很小的主题，比如他描写农村生活家居生活的佳作《清平乐·村居》，这首词里有美轮美奂的风景画，也有有声有色的农村风俗画，也是我个人特别喜欢的一首词。

【赏析】

"茅檐低小，溪上青青草。"一共九个字，就交代了好几件事：有一座小茅屋，还有一条小溪，小溪旁都是草地，这是一个朴实的乡村场景。这是景，景里最重要的得有人。那么谁先出场呢？

"醉里吴音相媚好，白发谁家翁媪？"茅草屋的主人是谁呀？是白头发的一对老夫妻。翁指老头，媪（ǎo）指老年妇女。他们在干吗呢？亲亲热热喝着小酒，还操着吴侬软语聊着天呢。多么温暖的家居生活，而且不经意地就秀起了恩爱呢。吴音包括现在江浙一带的口音，也包括江西的口音，可以泛指南方口音。老夫妻登场之后，家里其他成员也陆续登场。

"大儿锄豆溪东，中儿正织鸡笼。最喜小儿亡赖，溪头卧剥莲蓬"：老大老二都在干活，只有一个孩子没干活，但是词人用了"最喜"，最可人疼的是家里的老小，"亡赖"即无赖，无赖不是泼皮无赖的意思，是顽皮淘气的意思。这个老小在干啥？一个人躺在溪边草地上，剥莲蓬吃呢。

辛弃疾用几乎白描的手法把一家人恬淡温馨的村居生活惟妙惟肖地展现了出来，而且读来非常有趣。

西江月·遣兴

辛弃疾

醉里且贪欢笑，
要愁那得工夫。
近来始觉古人书。
信著全无是处。
昨夜松边醉倒，
问松我醉何如。
只疑松动要来扶。
以手推松曰去。

【诗题/词牌】

这首词题目是《遣兴》。遣兴指遣发意兴，抒写意兴。从词的字面看，好像是抒写悠闲的心情。但骨子里却透露出他那不满现实的思想感情和倔强的生活态度。

【赏析】

诵读时第二句的"得"要读入声。"醉里且贪欢笑，要愁那得工夫。

近来始觉古人书。信著全无是处。"这首词上片前两句写饮酒，后两句写读书。尤其后两句，特别有意思。"近来始觉古人书。信著全无是处。"这里要正确理解，辛弃疾不是菲薄古书，而是对当时现实不满，不要相信古书中的一些话，现在是不可能实现的。

这首词下片更具体写醉酒的神态。"昨夜松边醉倒，问松我醉何如。只疑松动要来扶。以手推松曰去。"松边醉倒的辛弃疾不是微醺，而是大醉。他醉眼迷蒙，把松树都看成了人，问他："我醉得怎样？"他恍惚间还觉得松树活动了起来，好像要来扶他，他推手拒绝了。这四句不仅写出惟妙惟肖的醉态，也写出了作者倔强的性格。仅仅二十五个字，构成了剧本的片段，这里有对话，有动作，有神情，又有性格的刻画。小令能写出这样丰富的内容，是很少见的。

西江月（示儿曹，以家事付之）

辛弃疾

万事云烟忽过，
百年蒲柳先衰。
而今何事最相宜，
宜醉宜游宜睡。

早趁催科了纳，
更量出入收支。
乃翁依旧管些儿，
管竹管山管水。

【诗题 / 词牌】

这是词人晚年退隐江西铅山写给儿孙们的一首词。《西江月》是词牌名。儿曹，自家儿辈。"示儿曹以家事付之"即把家务事交代给自家儿辈。

"万事云烟忽过，百年蒲柳先衰。而今何事最相宜，宜醉宜游宜睡。"过去的事如烟云一样地过去了，说得多么的轻松，其实辛弃疾传奇人生四十余年，多少坎坷沧桑。"蒲柳"指入秋的植物，是谦词，说自己经不起衰老，但同样也是不满之辞。既不得用，那么还能干点什么——最好是醉、是游、是睡。

下阕"早趁催科了纳，更量出入收支。乃翁依旧管些儿，管竹管山管水。"他要儿子们在农事了了之后，及时完粮纳税。辛弃疾教育子辈不忘国家，故嘱咐纳粮宜早。剩下的要量入为出，勤俭持家。嘱咐过了，事情有了交代，但作为"乃翁"还是要管点事的。"乃翁"指你的父亲。老父亲还能管点什么？那就管管花木，管管山水。

丑奴儿

辛弃疾

少年不识愁滋味，
爱上层楼。
爱上层楼，
为赋新词强说愁。

而今识尽愁滋味，
欲说还休。
欲说还休，
却道天凉好个秋。

【诗题 / 词牌】

词牌是《丑奴儿》的小令，大概有名的也就是辛弃疾的这首了。《丑奴儿》是辛弃疾被弹劾罢职、闲居江西带湖时所作，作者经常到博山游览，实际上他无心赏玩，眼看国事日非，自己无能为力，一腔愁绪无法排遣，就在博山道中写了这首题壁词。所以这首词也叫《丑奴儿·书博山道中壁》。

【赏析】

辛弃疾这首词通过叠句的运用，今昔的对比，将无愁、有愁、强说愁、不说愁娓娓道来，通过对愁的不同表达，将内心真正的愁滋味表现得淋漓尽致，感人至深。

"少年不识愁滋味，爱上层楼。爱上层楼，为赋新词强说愁。"上阕说，少年时代思想单纯，没有经历过人世艰辛，喜欢登上高楼，赏玩景致，本来没有愁苦可言，但是"为赋新词"，只好装出一副斯文样子，勉强写一些"愁苦"的字眼应景。"强"念第三声，表示勉强。

"而今识尽愁滋味，欲说还休。欲说还休，却道天凉好个秋。"下阕笔锋一转，写出历尽沧桑，饱尝愁苦滋味之后，思想感情的变化。"识尽愁滋味"概括了作者半生的经历，积极抗金，献谋献策，力主恢复中原，但是根本不被朝廷重用，他的愁绪郁结心头多年，可是说了也于事无补，就不再说了。反复两遍的"欲说还休"深刻地表现了作者痛苦矛盾的心情，怎么办呢？只好"顾左右而言他"，"却道天凉好个秋"这一句，意思就是说作者无可奈何，只得回避不谈，说些言不由衷的话聊以应景！

辛弃疾的《丑奴儿》写得真好，词里蕴含了深曲的意思。

生查子

辛弃疾

悠悠万世功，
矻矻当年苦。
鱼自入深渊，
人自居平土。

红日又西沉，

白浪长东去。

不是望金山，

我自思量禹。

【赏析】

嘉泰四年（1204），辛弃疾奉旨，出任镇江知府。这首词是词人到任之初，为北固山山腰郡守官署内的尘表亭而题写的作品，所以这首词题名为《生查子·题京口郡治尘表亭》。

这首词是明显的登高怀远之作，为什么辛弃疾登上镇江的北固山，却来凭吊大禹呢？上阕"悠悠万世功，矻矻当年苦"二句，通过"悠悠""矻矻"两个叠词，既生动地写出其历史久远，又形象地道出了大禹的劳苦功高。矻矻，劳动用力的样子。"鱼自入深渊，人自居平土。"鱼儿乖乖地游进深渊，人们安安稳稳地定居在平土。尘世万物均能各得其所，推本溯源，这都是禹的伟大业绩。

如果说上阕是吊古，那么下阕则是伤今。"红日又西沉，白浪长东去。"一轮红日又向西天沉沉下坠，江中的白浪却永远向东流去。"红日又西沉，白浪长东去"二句，仿佛写的是眼前景，但是背后可能有深曲的意思，"红日又西沉"可能是比喻南宋朝廷岌岌可危的局势；"白浪长东去"是指流光飞逝，历史是无情的。这正是一代爱国者的时代忧虑，是作者愤懑难平的情感流露。最后两句，既照应了前阕，又阐明了词意：危亭登眺，无意于赏心悦目，主旨在忧时伤世。"我自思量禹"，寓含着作者无限心事：在这苟且偷安、不思自振的人欲横流中，要再有个为民造福的大禹出来治水平土，力挽狂澜，重整山河，那该有多好啊。

南歌子（新开池，戏作）

辛弃疾

散发披襟处，
浮瓜沉李杯。
涓涓流水细侵阶。
凿个池儿，
唤个月儿来。

画栋频摇动，
红蕖尽倒开。
斗匀红粉照香腮。
有个人人，
把做镜儿猜。

【诗题/词牌】

词牌《南歌子》，原唐教坊曲名，后用为词牌。隋唐以来曲多以"子"名，"子"有小的含义，大体属于小曲，比如《卜算子》《采桑子》。

【作者】

辛弃疾老年时被废弃不用，家居田园，在自己居住的房子旁边开凿了一个小池子。这首词就是为新开的小池所作的"纪念词"，词以夏夜纳凉为契机，写他对这个新开小池的喜爱之情。语言轻浅自然，妙趣横生，充满了小品式的谐趣。

【赏析】

"散发披襟处，浮瓜沉李杯。"大热的天气，我散乱着头发，披着衣服，坐在新开的池子旁边。在盘子里盛着用冷水浸泡过的甜瓜朱李。浮瓜沉李，将瓜李等果品浸泡于池水之中，以求凉爽宜口。"涓涓流水细侵阶。凿个池儿，唤个月儿来。"泉水慢慢地流过来浸到台阶上了。我凿个池儿，叫月儿也到池子里来。尤其是"凿个池儿，唤个月儿来"，多么有情趣。

"画栋频摇动，红蕖尽倒开。"红蕖（qú），红色的荷花。彩色的屋顶，映在池子里，风吹过倒影摇动。屋顶上画的红色荷花，都在水里倒开着。"斗匀红粉照香腮。有个人人，把做镜儿猜。"在我身边的心爱的人儿，有可能是他的妻子或宠妾侍女，把池子当作镜子涂脂抹粉，要和红蕖比比看，谁的肤色红润，谁更漂亮。

破阵子（为陈同甫赋壮词以寄之）

辛弃疾

醉里挑灯看剑，
梦回吹角连营。
八百里分麾下炙，
五十弦翻塞外声。
沙场秋点兵。

马作的卢飞快，
弓如霹雳弦惊。
了却君王天下事，
赢得生前身后名。
可怜白发生！

【诗题/词牌】

公元1188年，辛弃疾的好朋友陈亮到江西铅山来看他，陈亮也是一位英雄豪杰之士，所以辛弃疾就写了这首壮怀激烈之词赠给他，陈亮就是陈同甫。这是叶嘉莹先生选编的12首辛弃疾词作中最豪迈的一首。

【赏析】

　　"醉里挑灯看剑"：挑灯看剑这是准备上战场杀敌的形象，但是作者是在醉酒之际挑灯看剑，实际情况是他早就被朝廷弃用，哪里有上战场的机会？挑灯，即点灯。"梦回吹角连营"：恍惚间又回到了当年，各个军营里接连不断地响起号角声。接下来写的都是自己的想象和回忆。

　　"八百里分麾下炙，五十弦翻塞外声。沙场秋点兵。"八百里，指名贵的牛，世说新语里的典故。麾（huī）下，指部下。炙，烤肉。把烤好的牛肉分给部下。五十弦，本指瑟，一种乐器，这里泛指乐器。翻，演奏。塞外声，以边塞作为题材的雄壮悲凉的军歌。让乐器奏起雄壮的军乐鼓舞士气，这是秋天在战场上阅兵。沙场，战场。点兵，检阅军队。

　　"马作的卢飞快，弓如霹雳弦惊。"战马像的卢马那样跑得飞快。的卢是一种快马的名字。相传刘备曾骑的卢马从襄阳城西的檀溪水中一跃三丈，脱离险境。霹雳，特别响的雷声，比喻拉弓时弓弦响如惊雷。弓箭像惊雷一样震耳离弦。

　　"了却君王天下事，赢得生前身后名。"我一心想替主公完成收复失地的大业，取得世代相传的美名。"可怜白发生！"在词的最后，作者却发出一声悲愤的长叹，从感情的高峰一下子跌落下来。原来，那壮阔盛大的军容，横戈跃马的战斗不过全是梦境。作者时时刻刻还梦想着能建功立业，事实上已经年老体迈，于是，他写了这首"壮词"，寄给处境同样"可怜"的陈同甫。

清平乐（独宿博山王氏庵）

辛弃疾

绕床饥鼠。

蝙蝠翻灯舞。

屋上松风吹急雨。

破纸窗间自语。

平生塞北江南。

归来华发苍颜。

布被秋宵梦觉，

眼前万里江山。

【诗题/词牌】

这首词是辛弃疾老年罢官闲居江西，某一天在博山一个废弃的庵院里过夜而写的。王氏庵，姓王的人家的破旧小草庵。

【赏析】

"绕床饥鼠。蝙蝠翻灯舞。屋上松风吹急雨。破纸窗间自语。"第三句的"急"念入声，上片非常生动地描写了这所庵院，渲染了凄凉破败的氛围，语言生动，但是平实如白话。夜出觅食的饥鼠绕床爬行，蝙蝠居然也到室内围灯翻飞，而屋外却正逢风雨交加，破裂的糊窗纸也在鸣响。最后这句"破纸窗间自语"采用了拟人手法，破破烂烂的糊窗纸，随着斜风急雨沙沙作响，好像自言自语。

在这样的环境里，自然作者会流露出凄苦、孤寂、落寞的情绪。"平生塞北江南。归来华发苍颜。"从塞北辗转江南，如今归隐山林，已是容颜苍老，满头白发。"布被秋宵梦觉，眼前万里江山。"在一条单薄的布被里睡着，突然惊醒，眼前依稀还是梦中的万里江山。梦醒后却仍心系"万里江山"，表达了词人虽身居破庵，却胸怀天下，不忘统一大业，全词因最后这一句"眼前万里江山"，立意顿然提升。

菩萨蛮（金陵赏心亭为叶丞相赋）

辛弃疾

青山欲共高人语。

联翩万马来无数。

烟雨却低回。

望来终不来。

人言头上发。

总向愁中白。

拍手笑沙鸥。

一身都是愁。

【赏析】

在诵读的时候，下片中的"白"要念入声。"青山欲共高人语。"苍翠的群山仿佛有意要同高雅的人交谈。高人，高雅的人，在这首词就是指叶衡，后来他官至右丞相，所以《菩萨蛮·金陵赏心亭为叶丞相赋》里说是为叶丞相赋，叶衡和辛弃疾一样都是主战派，叶衡非常赏识辛弃疾，辛弃疾在这首词的上片也充分地塑造出叶衡的高大形象。"联翩万马来无数。烟雨却低回，望来终不来。"山势连绵不绝，有似万马奔腾。他们在茫茫的烟雨中迷了路，徘徊起来，眼看着临近了，却终于没能到达跟前。上阕最后一句"望来终不来"，表现了从希望到失望的过程，暗示着自己怀才不遇、壮志难酬的愁闷。

下阕继续写人的愁闷，"人言头上发。总向愁中白。拍手笑沙鸥。一身都是愁。"这四句写得真诙谐：人们说你因为忧愁，头发都白了，如果真是这样的话，我倒要拍手笑沙鸥了，因为它们可是全身雪白的。这是由眺望青山的惆怅陡转为揶揄沙鸥的诙谐，是笑，但是带一点点泪痕的笑。

霜天晓角

蒋　捷

人影窗纱。

是谁来折花。
折则从他折去，
知折去、向谁家。

檐牙。枝最佳。
折时高折些。
说与折花人道，
须插向、鬓边斜。

【诗题／词牌】

　　宋代词人蒋捷创作的词作。《霜天晓角》是词牌名，又名《月当窗》《长桥月》《踏月》等。双调四十三字，前段四句，后段五句。这首蒋捷的《霜天晓角》在宋词中是一首很别致的作品，它是小令，却又像一篇短小的散文或特写，描写一段生动的生活情景。

【赏析】

　　"折"字是入声，下片第三句的"些"，押麻韵。"人影窗纱。是谁来折花。折则从他折去，知折去、向谁家。"人影映上窗纱，原来是有人来摘花。"花开堪折直须折，莫待无花空折枝。"那就让他随便折吧！不要管——她摘了花去谁家！"檐牙。枝最佳。折时高折些。说与折花人道，须插向、鬓边斜。"告诉她屋檐边那一枝，是最好的花，折的时候，折高一点，戴的时候，要在鬓边斜插。

　　作者用女性的口吻，写"见影""猜想"到后来居然和折花人"对话"，为什么开始不想管这事儿，后来又去和折花人搭讪呢？恐怕是花的主人猜想折花人也是爱花人，是欣赏她的花，后面的交代也显示出女主人的惜花，折花折高一点，不要伤及其他花朵；同时，也活灵活现地描绘出女主人对美的追求，怎样戴花才有风韵呢？要斜插，而且要插在鬓边。

临江仙

杨慎

滚滚长江东逝水，
浪花淘尽英雄。
是非成败转头空，
青山依旧在，
几度夕阳红。

白发渔樵江渚上，
惯看秋月春风。
一壶浊酒喜相逢，
古今多少事，
都付笑谈中。

【诗题/词牌】

《临江仙》也是唐教坊曲名，用作词牌，为双调小令。《临江仙》是一首咏史词，借叙述历史兴亡，抒发人生感慨，豪放中有含蓄，高亢中有深沉，读来荡气回肠。

【作者】

关于这首词，大家都不陌生，因为电视连续剧《三国演义》的片头曲就是用的杨慎的这首《临江仙》。所以词的内容，我们略讲，主要介绍一下作者杨慎。

杨慎，字用修，号升庵，明代文学家，明代三大才子之首。杨慎生活在中国历史上政治比较黑暗的年代，当时宦官专政，他这么博学多才的人，晚年也被流放滇南（云南南部）。他一生经历了勾心斗角的官场波澜，看尽世态炎凉，因而在贬谪之后写下这首著名的《临江仙》。

关于杨慎参加科举考试，还有个小故事。史书上说杨慎 24 岁（即 1511 年）考中殿试第一名，也就是状元，其实三年之前，也就是他 21 岁参加科举，试卷就答得极好，那么为什么没有拿到名次呢？判卷子的官员本来是要给他取第一名的，但是主考官在看卷子时，蜡烛的灯花掉了下来，把考卷烧了一个小洞。这样的考卷是不可以呈给皇上看的，所以杨慎就名落孙山了。不过，金子还是金子，过了几年，他还是高中状元。

状元也好景不长，杨慎 1524 年因得罪世宗，发配到云南充军。他戴着枷锁，被军士押解到湖北江陵时，正好看见一位渔夫和一位樵夫在江边煮鱼喝酒，谈笑风生。杨慎很感慨，于是请军士找来纸笔，写下了这首《临江仙》：人生沉浮，成败得失之间，应该有一种淡泊宁静的胸怀。

长相思

纳兰性德

山一程，
水一程，
身向榆关那畔行，
夜深千帐灯。

风一更，
雪一更，
聒碎乡心梦不成，
故园无此声。

【诗题 / 词牌】

《长相思》，也是唐教坊曲目，后来用作词调名，调名取自南朝乐府的"上言长相思，下言久别离。"一般《长相思》写得都是男女之情，这一首纳兰性德的《长相思》是不是也是写小儿女情态？

【作者】

纳兰性德，清代词人，姓叶赫那拉氏，和慈禧都是来自纳兰这一族。纳兰性德，字容若，所以文学史上的纳兰容若和纳兰性德是同一个人。纳兰性德被称为"满清第一才子"，他是康熙时期宰相明珠的儿子，可谓锦衣玉食，只可惜纳兰性德只活了31岁。纳兰性德留下了300多首诗词，很多篇目至今传颂，比如《木兰花·拟古决绝词柬友》的"人生若只如初见，何事秋风悲画扇。"

【赏析】

"山一程，水一程。""程"是指道路，"山一程，水一程"就是山高水远。"榆关"是今天的山海关，"那畔"指山海关的另一边。"身向榆关那畔行，"指自己身处关外。"夜深千帐灯"："帐"是军营的帐篷，"千帐灯"指军营之多。上片写在外驻军。据传，纳兰性德深得康熙的赏识，在康熙身边做侍卫，也曾到塞外巡查，这首小词就是描写塞外风光的。

"风一更，雪一更"，就是指整夜的风雪交加，旧时每个夜晚分为五更，每更大约两小时。"更"念gēng，也可以念俗音jīng。"聒"指声音嘈杂，使人厌烦，"故园"是故乡，"此声"就是风雪交加的声音，"聒碎乡心梦不成，故园无此声。"夜深了，营帐外忽然风雪交加，搅得人无法入眠，家乡应该没有这种风雪声。纳兰性德生长在北京，认北京为故园，否则在蒙古大漠，也是"风一更，雪一更"吧。

这首词是边塞词、羁旅词，也是思乡词，写的是身在征途、心系故园的凄婉情思，缠绵但不颓废。